高等院校电子商务
职业细分化创新型规划教材

U0683982

跨境电商导论

陈道志 卢伟 ◎编著

人民邮电出版社
北 京

图书在版编目（CIP）数据

跨境电商导论 / 陈道志，卢伟编著. -- 北京：人
民邮电出版社，2018.8（2020.8重印）
高等院校电子商务职业细分化创新型规划教材
ISBN 978-7-115-48595-3

Ⅰ．①跨⋯ Ⅱ．①陈⋯ ②卢⋯ Ⅲ．①电子商务—商
业经营—高等学校—教材 Ⅳ．①F713.365.2

中国版本图书馆CIP数据核字(2018)第117470号

内 容 提 要

本书系统地讲解了跨境电商行业和职业发展的知识。全书分为 5 章，分别阐述了跨境电商发展
历程、跨境电商岗位技能、跨境电商职业素养、跨境电商基础知识和跨境电商职业规划等内容。每
章的开头和结尾分别安排了知识结构图和本章小结，让读者能更好地从整体上把握所学内容。另外，
为了让读者能够及时检查自己的学习效果，把握自己的学习进度，每章后面都附有丰富的习题。本
书的附录收录了跨境电商平台列表、跨境电商常用工具汇集、跨境电商职业分级列表和配套的精准
就业平台介绍。

本书可以作为本科院校、职业院校跨境电商、国际贸易、电子商务相关专业的教材，也可供跨
境电商运营人员、跨境电商业务员等工作人员参考、学习及培训使用。

◆ 编　　著　　陈道志　卢　伟
　　责任编辑　　古显义
　　责任印制　　马振武
◆ 人民邮电出版社出版发行　　北京市丰台区成寿寺路 11 号
　　邮编　100164　　电子邮件　315@ptpress.com.cn
　　网址　http://www.ptpress.com.cn
　　北京七彩京通数码快印有限公司印刷
◆ 开本：787×1092　1/16
　　印张：10　　　　　　　　　　　2018 年 8 月第 1 版
　　字数：207 千字　　　　　　　　2020 年 8 月北京第 2 次印刷

定价：36.00 元

读者服务热线：(010)81055256　印装质量热线：(010)81055316
反盗版热线：(010)81055315
广告经营许可证：京东市监广登字 20170147 号

FREFACE   前　言

$\overset{\text{跨}}{}$ 境电商是一种新型贸易方式和新型业态，具有广阔的市场空间和良好的发展前景。随着国家政策的开放，许多传统零售商、海内外电商巨头、创业公司、物流服务商、供应链分销商纷纷入局跨境电商，跨境电商人才的市场需求逐步加大。但是，当前许多高校缺乏系统讲述跨境电商人才需要具备的岗位技能和职业素养等的教材，为此编者特编写本书。

　　本书以跨境电商学习者和从业人员的职业规划为导向，详细介绍了跨境电商发展历程、跨境电商岗位技能、跨境电商职业素养、跨境电商基础知识和跨境电商职业规划5个方面的内容，尤其对相关岗位所要求的岗位技能和职业素养做了重点讲述，使未来准备从事跨境电商工作的读者能够对自己有清醒的认识，清楚各个岗位需要具备的技能和素养。每章的开头配备了知识结构图，便于读者了解本章的整体框架。每章的结尾有本章小结，以加深读者对章节知识的理解。另外，每章的最后配备了相应的习题，供读者检测学习效果，进一步巩固所学知识，真正做到学以致用。

　　通过5章的学习和训练，读者不仅能够掌握跨境电商从业人员需要具备的岗位技能和职业素养，而且能够清晰地规划自己的跨境电商职业晋升之路，了解跨境电商相关的基础知识，具备跨境电商相关职业要求的职业技能与素养。

　　本书可以作为本科院校、职业院校跨境电商、国际贸易、电子商务相关专业的教材，参考学时为32～48学时，建议采用理论实践一体化的教学模式。各章的参考学时见学时分配表。

学时分配表

章　节	课 程 内 容	学　时
	课程说明	2～4
第1章	跨境电商发展历程	4～6
第2章	跨境电商岗位技能	6～10
第3章	跨境电商职业素养	6～8
第4章	跨境电商基础知识	6～8

章　节	课　程　内　容	学　时
第5章	跨境电商职业规划	6～10
	课程考评	2
课时总计		32～48

　　本书是北京联合大学2017年特色亮点校内专项建设成果，由北京联合大学陈道志、北京慧睿国际技术发展有限公司卢伟共同编写。北京联合大学曹铮、徐唐、段敏参与编写。

　　由于编者水平和经验有限，书中难免有欠妥之处，恳请读者批评指正。

编　者

2018年3月

CONTENTS
目 录

第1章
跨境电商发展历程 1

1.1 出口电商发展历程 2
　1.1.1 出口电商模式 2
　1.1.2 出口电商发展 4
1.2 进口电商发展历程 11
　1.2.1 进口电商模式 12
　1.2.2 进口电商发展 14
本章小结 20
巩固练习 20

第2章
跨境电商岗位技能 23

2.1 跨境电商典型岗位 24
　2.1.1 跨境电商市场类岗位 26
　2.1.2 跨境电商运营类岗位 28
　2.1.3 跨境电商销售类岗位 31
　2.1.4 跨境电商服务类岗位 35
　2.1.5 典型岗位对比分析 42
2.2 跨境电商技能测评与训练 ... 45
　2.2.1 跨境电商技能测评 45
　2.2.2 跨境电商核心技能提升 47
本章小结 54
巩固练习 55

第3章
跨境电商职业素养 57

3.1 跨境电商职业素养类型 58
　3.1.1 成就动机素养 59
　3.1.2 跨文化素养 60
　3.1.3 沟通协调素养 61
　3.1.4 信息技术素养 62
3.2 跨境电商职业素养测评
　　与提升 63
　3.2.1 跨境电商岗位素养测评 63
　3.2.2 跨境电商岗位素养提升 65
本章小结 75
巩固练习 76

第4章
跨境电商基础知识 77

4.1 外语知识 78
　4.1.1 传统外贸英语 78
　4.1.2 常用跨境电商沟通话语
　　　　表述 83
　4.1.3 常见询盘词汇 85
4.2 外贸知识 87
　4.2.1 外贸常见术语 87
　4.2.2 外贸单证知识 91

4.2.3　进口业务流程................94

4.2.4　出口业务流程................95

4.2.5　销售合同....................97

4.3　电商知识....................99

4.3.1　跨境电商与电子商务........99

4.3.2　跨境电商与传统外贸

电商..........................104

4.3.3　电商运营逻辑............106

4.3.4　电商流程.................110

4.3.5　网络营销知识............115

本章小结..........................119

巩固练习..........................119

**第5章
跨境电商职业规划**................121

5.1　跨境电商职场发展.............122

5.1.1　跨境电商学生初入职场...125

5.1.2　跨境电商员工精进之路...132

5.1.3　跨境电商管理晋升之路...133

5.2　跨境电商创业之路.............136

5.2.1　跨境电商创业环境分析...136

5.2.2　跨境电商团队建设.........138

5.2.3　跨境电商公司注册.........142

本章小结..........................144

巩固练习..........................144

附录

附录A　跨境电商平台列表..........147

附录B　跨境电商常用工具

汇集..................148

附录C　跨境电商职业分级

列表..................152

附录D　慧睿国际跨境电商精准

就业平台介绍.................153

第 1 章

跨境电商发展历程

本章知识结构

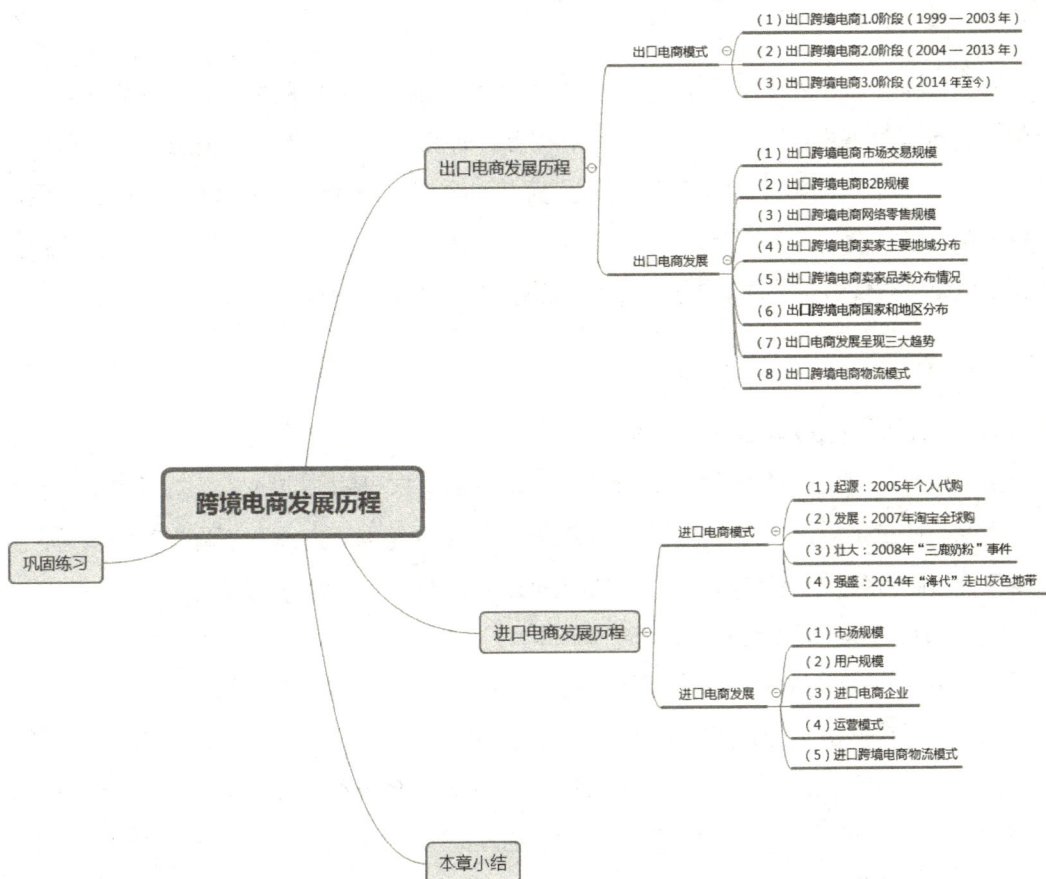

- 跨境电商发展历程
  - 巩固练习
  - 出口电商发展历程
    - 出口电商模式
      - （1）出口跨境电商1.0阶段（1999—2003年）
      - （2）出口跨境电商2.0阶段（2004—2013年）
      - （3）出口跨境电商3.0阶段（2014年至今）
    - 出口电商发展
      - （1）出口跨境电商市场交易规模
      - （2）出口跨境电商B2B规模
      - （3）出口跨境电商网络零售规模
      - （4）出口跨境电商卖家主要地域分布
      - （5）出口跨境电商卖家品类分布情况
      - （6）出口跨境电商国家和地区分布
      - （7）出口电商发展呈现三大趋势
      - （8）出口跨境电商物流模式
  - 进口电商发展历程
    - 进口电商模式
      - （1）起源：2005年个人代购
      - （2）发展：2007年淘宝全球购
      - （3）壮大：2008年"三鹿奶粉"事件
      - （4）强盛：2014年"海代"走出灰色地带
    - 进口电商发展
      - （1）市场规模
      - （2）用户规模
      - （3）进口电商企业
      - （4）运营模式
      - （5）进口跨境电商物流模式
  - 本章小结

　　跨境电商是跨境电子商务这一名词的简称，它是一种基于电子商务的新型贸易方式，是指分属不同国家或地区（不同关境）的交易主体，利用互联网或移动网络，通过各智能终端（计算机、笔记本电脑、平板电脑、智能手机等），以企业对客户（Business to Customer，B2C）、企业对企业（Business to Business，B2B）这两种主要模式，实现终端消费者与商品销售者线上交易意向的达成，进而完成支付结算，并通过跨境物流送达商品、完成交易的一种贸易方式。总体来说，跨境进口和跨境出口是跨境电商的两个基本组成部分。这种新型的对外贸易方式在我国发展较为迅速。中华人民共和国商务部（以下简称商务部）数据库显示，2016年全年，我国跨境电商贸易总额高达6.7万亿元人民币，在进出口贸易中的比例已达到27.5%，年增长率大于30%。由此可以看出，跨境电商对于带动我国的贸易规模增长及促进贸易交易额都具有重要作用。下面介绍跨境电商的发展历程。

1.1　出口电商发展历程

　　当前世界贸易增速趋于收敛，外贸景气度下滑，越来越多的商家正在寻找新的渠道，外贸渠道转型为跨境电商的发展提供了持续增长的动力。2016年，我国国内出口总额为13.84万亿元，出口跨境电商总额为5.5万亿元，渗透率仅为20%左右，2017年年底，国内跨境电商市场规模达近9万亿元，跨境电商市场渗透率进一步提升。考虑到当前外贸趋势及跨境电商发展优势，能够看到未来跨境电商的可渗透率空间较大。

1.1.1　出口电商模式

　　出口电商的模式大致分为3个阶段，每个阶段都有自己的特点，从最初不涉及线上交易支付的纯信息平台，到如今的全产业链服务在线化的跨越式发展，都为当时的相关企业提供了优质的服务。下面将从以下3个阶段详细阐述出口电商的发展历程。

1. 出口跨境电商1.0阶段（1999—2003年）

　　跨境电商1.0阶段主要是网上展示、线下交易的外贸信息服务模式阶段。该阶段第三方平台的主要功能是为企业信息以及产品提供网络展示平台，并不在网络上涉及任何交易环节。此时的盈利模式主要是向要展示信息的企业收取会员费（如年服务费）。另外，在跨境电商1.0阶段的发展过程中，第三方平台也逐渐衍生出竞价推广、咨询服务等为供应商提供的一条龙信息流增值服务。

跨境电商1.0阶段以阿里巴巴国际站、环球资源网为典型代表平台。其中，阿里巴巴成立于1999年，以网络信息服务为主，线下会议交易为辅，是中国最大的外贸信息黄页平台之一。环球资源网1971年成立，前身为Asian Source，是亚洲较早的提供贸易市场资讯的服务商，并于2000年4月28日在纳斯达克证券交易所上市。在此期间还出现了中国制造网等大量以提供供需信息交易为主的跨境电商平台。但是，该阶段仅仅解决了中国贸易信息如何面向世界买家的难题，无法完成在线交易，在外贸电商产业链的整合方面也仅仅是完成了信息流的整合。

2. 出口跨境电商2.0阶段（2004—2013年）

2004年，随着敦煌网的上线，跨境电商2.0阶段来临。在这个阶段，跨境电商平台开始摆脱纯信息黄页的展示行为，将线下交易、支付、物流等流程电子化，逐步实现在线交易。

相比较第一阶段，跨境电商2.0阶段更能体现电子商务的本质，即借助于电子商务平台，通过服务、资源整合有效打通上下游供应链，包括B2B（平台对企业小额交易）和B2C（平台对用户）两种平台模式。在该阶段，B2B平台模式是跨境电商的主流模式，该模式通过直接对接中小企业商户实现产业链的进一步缩短，并提升商品销售利润空间。

在跨境电商2.0阶段，许多第三方平台实现了营收的多元化，其中的敦煌网在2011年宣布实现盈利，2012年持续盈利，同时也实现了后向收费模式，将"会员收费"改为以收取交易佣金为主，即按成交效果来收取百分点佣金。除此之外，第三方平台还通过平台上的营销推广、支付服务、物流服务等获得增值收益。

3. 出口跨境电商3.0阶段（2014年至今）

2014年为跨境电商的重要转型年，跨境电商全产业链都出现了商业模式的变化。随着跨境电商的转型，跨境电商3.0"大时代"随之到来。

首先，跨境电商3.0阶段具有大型工厂上线、B类买家成规模、中大额订单比例提升、大型服务商加入和移动用户量爆发5方面特征。与此同时，跨境电商3.0阶段服务全面升级、平台承载能力更强，全产业链服务在线化也是3.0阶段的重要特征。

其次，在跨境电商3.0阶段，用户群体由"草根"创业者向工厂、外贸公司转变，且具有极强的生产设计管理能力。平台销售产品由网商、二手货源向一手货源、好产品转变。

一方面，3.0阶段的主要卖家群体正处于从传统外贸业务向跨境电商业务艰难转型期，生产模式由大生产线向柔性制造转变，对代运营和产业链配套服务需求较高。另一方面，3.0阶段的主要平台模式也由消费者对消费者（Customer to Customer，C2C）、

B2C向B2B、生产厂家对消费者（Manufacturers to Consumer，M2C）模式转变，批发商买家的中大额交易成为平台主要订单。目前，中国出口跨境电商行业主要模式的相关情况如表1-1所示。

表1-1　中国出口跨境电商行业主要模式

商业模式	平台分类	模式关键词	典型企业
B2B模式	信息服务平台	交易撮合服务、会员服务、增值服务、竞价排名、点击付费、展位推广	阿里巴巴国际站 环球资源网
	交易服务平台	佣金制、展示费用、按效果付费、交易数据、线上支付、佣金比例	敦煌网 速卖通 大龙网 易唐网
B2C模式	开放平台	开放平台、数据共享、平台对接、仓储物流、营销推广	eBay Amazon WD.com Wish
	自营平台	统一采购、在线交易、品牌化、物流配送、全流程、售后保障	环球易购 兰亭集势 DX.com

1.1.2　出口电商发展

中国跨境电商以出口为主，随着出口跨境电商模式的发展和逐渐成熟，出口跨境电商近年来发展迅速。2016年，中国出口跨境电商交易规模达5.5万亿元，出口交易额占跨境电商交易总额的82.08%。下面将从以下几方面阐述出口电商的发展。

1. 出口跨境电商市场交易规模

首先从中国出口跨境电商市场交易规模来分析。近年来，中国出口跨境电商的市场交易规模一直呈上升趋势，从2011年的1.55万亿元到2016年的5.5万亿元，同比增长254.8%，如图1-1所示。

因此可以得出，尽管外贸形势不断恶化，但由于国家相关跨境电商业务政策的出台，跨境电商出口一直呈现上升的态势。预计到2020年，中国跨境电商交易规模将达12万亿元，约占中国进出口总额的37.6%；跨境电商零售出口额将达到约2.16万亿元，年均增幅达34%。

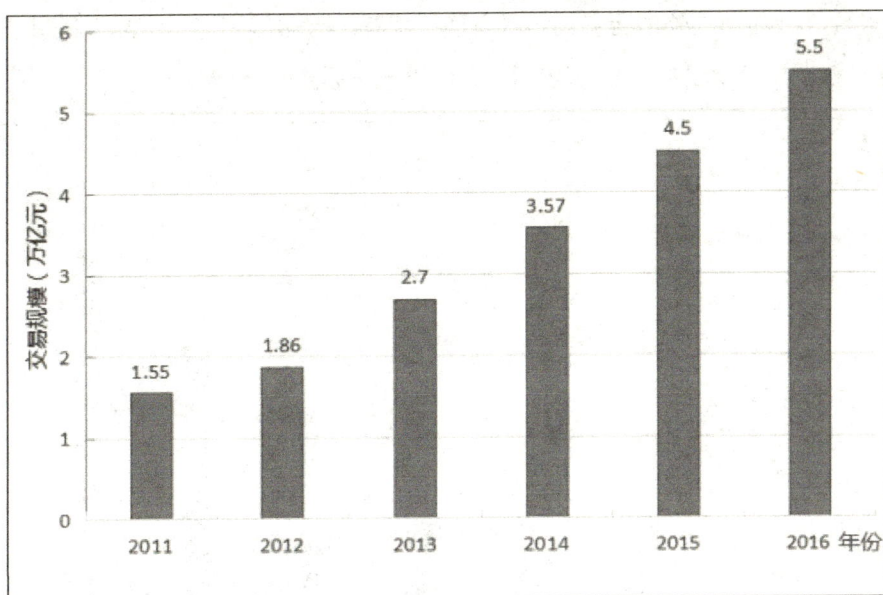

图1-1　2011—2016年中国出口跨境电商市场交易规模

2．出口跨境电商B2B规模

出口跨境电商模式可以分为B2B、B2C等模式，但从中国的实际状况来看，出口以B2B出口跨境电商模式为主体。2016年，中国出口跨境电商中的B2B市场交易规模为4.48万亿元，占全年跨境电商交易总额的81.45%，如图1-2所示。出口B2B电商模式是传统出口贸易流程的电商化，目前乃至未来仍将是主流。但随着B2B信息服务模式瓶颈凸显，其价值提升空间有限。近年来，由于欧美经济低迷、外币贬值等因素导致出口交易规模增速不断放缓，以收取会员费及竞价排名费为主的信息服务型电商成长瓶颈已经凸显，其信息服务模式升级为变现率更高的一站式综合贸易服务是必然。

3．出口跨境电商网络零售规模

虽然出口跨境电商以B2B模式为主，但近年来随着中国经济的持续发展和居民收入的稳步提升，中国开始迎来新一轮的消费升级，出口跨境电商网络零售（B2C）的市场交易规模连年上升，从2011年的1 800亿元到2016年的9 200亿元，中国出口跨境电商网络零售市场交易规模同比增长411.1%，如图1-3所示。在中国出口跨境电商B2B与网络零售占比中，网络零售占比从2011年的10.3%上升到2016年的17.1%，如图1-4所示。

出口B2B电商的代表为阿里巴巴国际站、环球资源网、环球市场、中国制造网等，如表1-2所示。这些网站均诞生于20世纪90年代，直接搭建起国内生产商与国外大批量采购者进行交易的平台，为双方提供增值服务。出口跨境电商网络零售最初起步于中小卖家，通过eBay、Amazon向国外消费者销售具有低价优势的"中国制造"产品，凭借"中国制造"红利和初期低流量成本，在跨境电商市场中一路高歌。

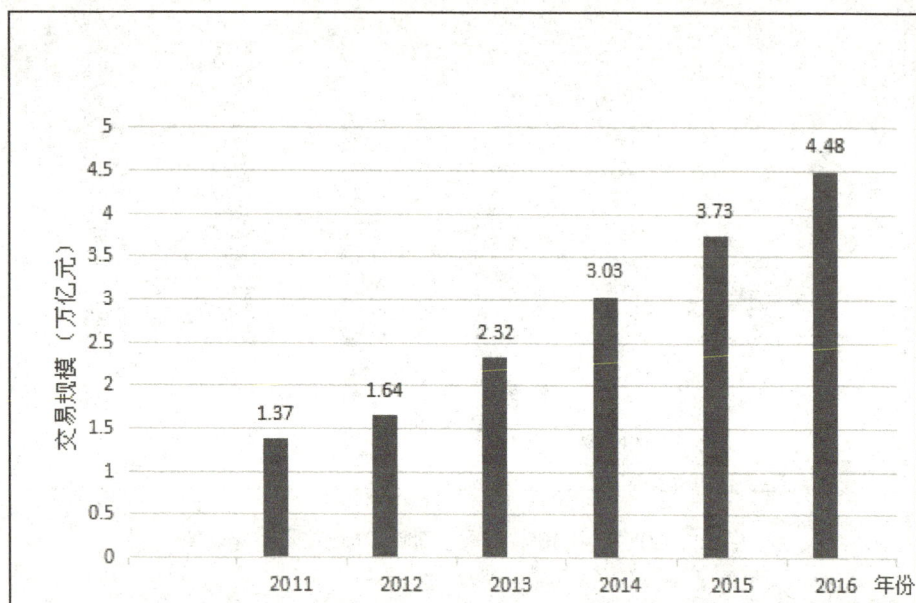

图1-2　2011—2016年中国出口跨境电商B2B市场交易规模

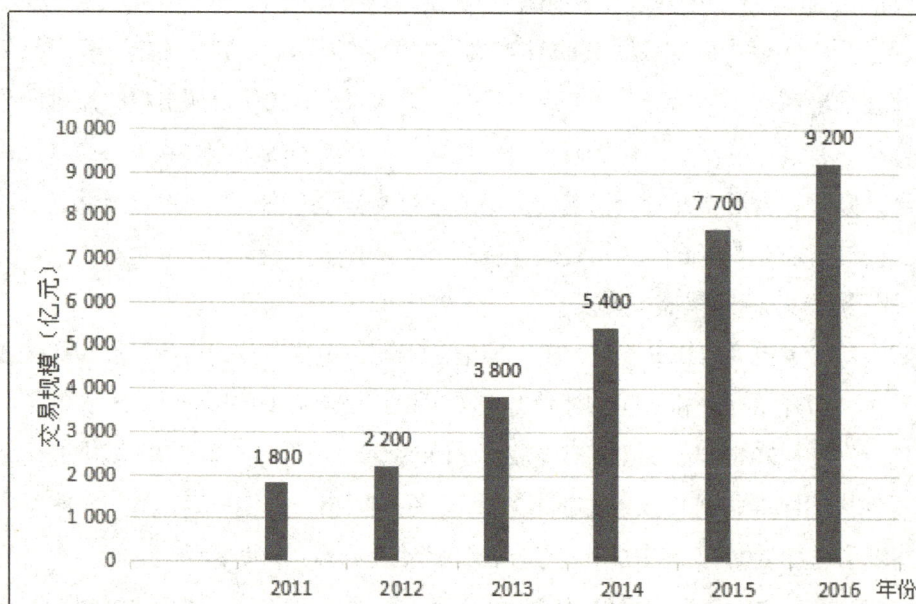

图1-3　2011—2016年中国出口跨境电商网络零售市场交易规模

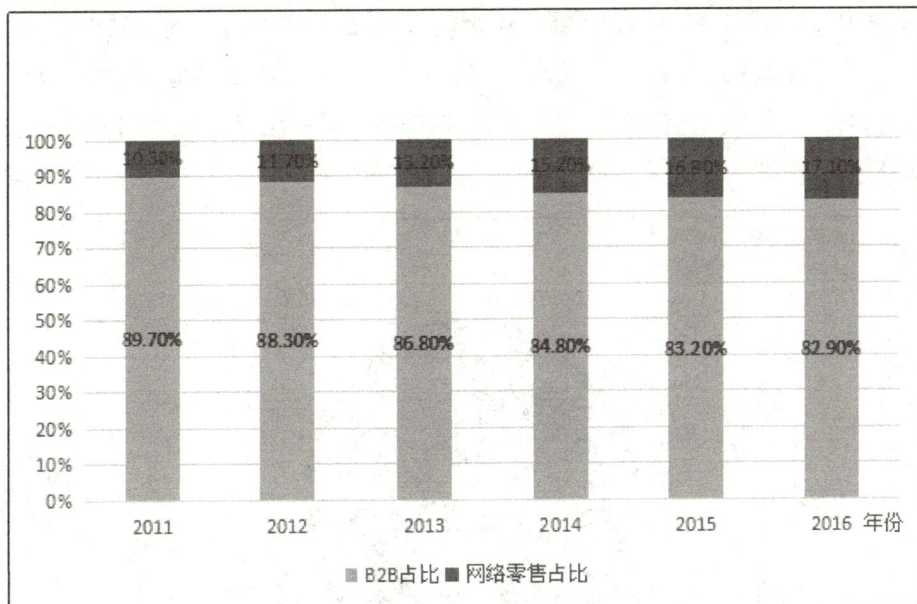

图1-4　2011—2016年中国出口跨境电商B2B和网络零售占比

表1-2　中国出口跨境电商产业链图谱

出口跨境电商企业		第三方服务企业		
B2B信息服务类	B2B交易服务类	综合服务	支付企业	IT、营销、代运营等其他服务企业
阿里巴巴国际站、中国化工、环球资源网、中国制造网	易唐网 大龙网 敦煌网 MFG.COM	一达通 易单网 世贸通	PayPal MoneyGram WesternUnion VISA	华农百灵 大麦电商 中国行业展会网 设备时代 筋斗云 跨洋科技 海欢网 检测通
B2C平台服务类	B2C自营服务类	金融企业	物流企业	
速卖通 eBay Amazon Wish	兰亭集势 DX.com 小笨鸟 百事泰 浙江执御	中国银行 中国平安 中国工商银行 中信银行 万事通供应链 浦发银行	中国邮政 顺丰速运 FedEx DHL 4PX UPS 心怡科技物流	

4. 出口跨境电商卖家主要地域分布

从地域分布来分析，东部沿海地区经济发展较为成熟，因此2015年中国出口跨境电商卖家主要集中在广东（24.7%）、浙江（16.5%）、江苏（12.4%）、福建（9.4%）、上海（7.1%），之后是北京（5.2%）、湖北（4.1%）、山东（3.3%）等地，如图1-5所示。其中，广东、浙江、江苏占据前三位，同时，中西部地区正在快速发展，出口跨境电商向中西部转移是未来趋势。

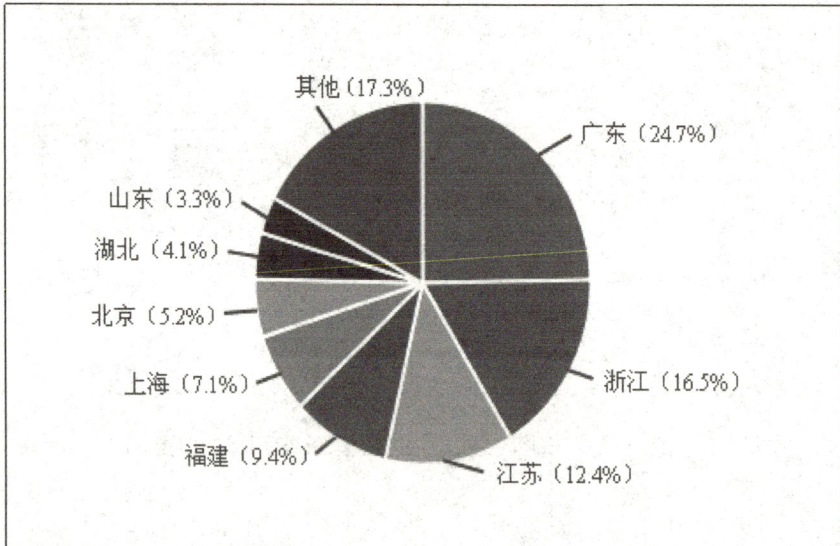

图1-5　2015年中国出口跨境电商卖家地域分布

从图1-5中可以看出广东是出口跨境电商卖家集聚地，庞大的经济基础、高度集中的生产制造基地、丰富的外贸人才储备、品类丰富及完善的产业链是其显著特征。长三角地区拥有发达的轻工业基础，服饰、鞋帽和家居类产品销量领先，同时产业集群效应在长三角地区表现突出。

5. 出口跨境电商卖家品类分布情况

2015年，中国出口跨境电商卖家品类如下：3C电子产品以37.7%的份额占据第一位；其次是服装服饰类产品，份额为10.2%；户外用品占据第三位，其份额为7.5%；健康与美容类的市场份额为7.4%，占据第四位；珠宝首饰类的市场份额为6%，占据第五位；家居园艺类、鞋帽箱包类、母婴玩具类等产品分列后几位，如图1-6所示。

一方面，中国出口跨境电商品类以成本优势强、标准化程度高的3C电子、服饰、户外用品等为主，是由于以标准品为主的出口产品结构更符合跨境电商的发展特征，其品类的统一性天然地适合在互联网进行推广和销售。另一方面，相对于传统的出口贸易，出口跨境电商产品品类更加丰富、出口地区更加分散，其出口区域结构也更加分散，具体表现为东盟、韩国、俄罗斯、印度等新兴市场崛起。

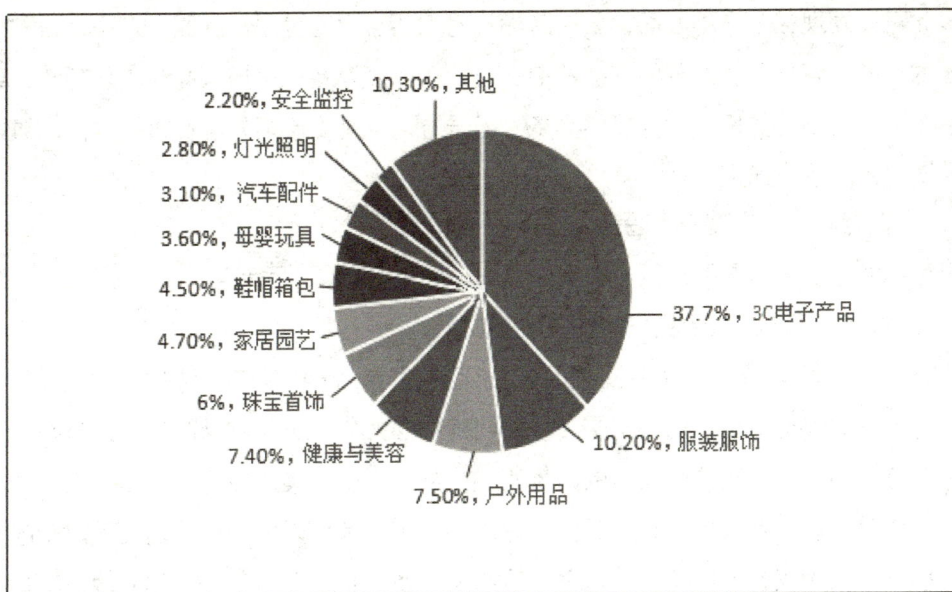

图1-6　2015年中国出口跨境电商商品分类

6. 出口跨境电商国家和地区分布

放眼国外市场，中国出口跨境电商分布国家和地区首先排在前列的是经济较发达的经济体，其中美国（16.5%）、欧盟（15.8%）、东盟（11.4%）、日本（6.6%）分列第一位至第四位，俄罗斯（4.2%）、韩国（3.5%）、巴西（2.2%）、印度（1.4%）位列后几位，如图1-7所示。

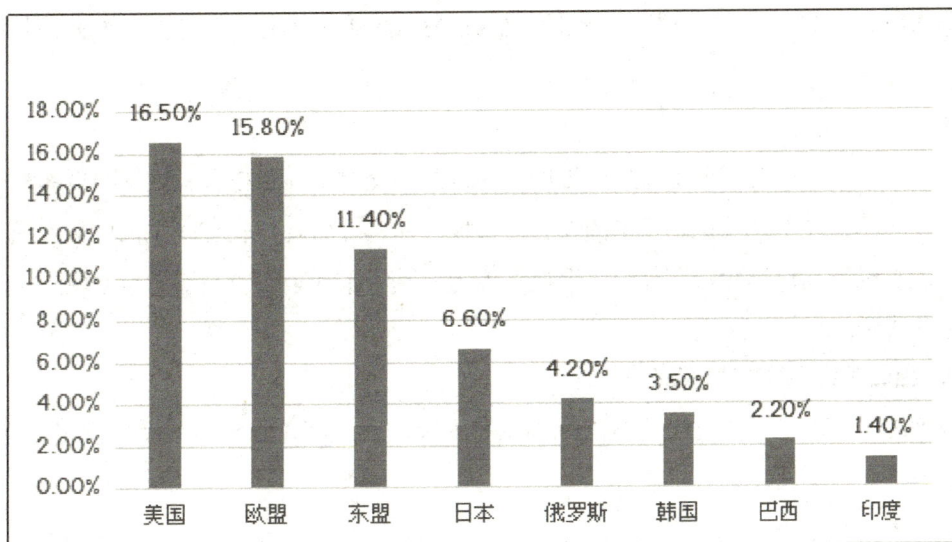

图1-7　2015年中国出口跨境电商出口国家或地区分布

由此可以发现在客户群方面，出口跨境电商主要是面向美国、欧盟、东盟、日本等发达市场的中低端客群，这一现状在俄罗斯、巴西、印度等新兴市场呈高速增长趋势，这一方面是因为中国制造的价格优势仍然具备，另一方面也是由于国外消费市场为国内过剩产能提供了一定的输出通道。

7. 出口电商发展呈现三大趋势

经过总结分析可以看到，当前的出口电商发展主要呈现以下趋势。

（1）移动端成为跨境电商发展的重要推动力

一方面，我们可以看出PC端更适合做搜索的动作，搜索时购买目的明确，容易产生比价的行为。而移动端更多的是购买目的不明确的碎片化浏览，容易产生冲动消费。另一方面，全球贸易小额、碎片化发展的趋势明显，从购买前的渠道铺设、产品搜索、产品展示、产品口碑建设到购买后的客户服务、物流跟踪等，都可以借助移动端突破时空限制，这些都提升了买卖双方的体验感。总之，传统B2C综合平台的优势在于其PC端的流量投递更容易直接转化成订单。而在移动端战场，流量的投递只带来用户对App的下载，因为营收的转化以及增长还有赖于App的精细运营、内容展示，所以在移动端需要从品质和物流上不断优化用户的购买体验，使之成为跨境电商发展的重要推动力。

（2）垂直出口电商发展潜力大

对比综合和垂直出口电商可以发现，传统的出口电商多为商品导向，业务来源很大程度上依靠搜索比价，仅仅是简单地把廉价物品卖出去，用户忠诚度低。而针对垂直人群的电商看重社交网络及社区培育对于电商的转化率的提高，更容易培养用户的忠诚度，有机会提高用户黏性和客单价。所以能够看到将来的跨境电商在垂直出口方面有很大的利润增长空间。

（3）本地化运营

前端流量获取依托当地主流媒体推广、网盟及社交网络广告投入、优化的页面编辑和线上产品运营，建立并强化外贸电商在当地市场的品牌知名度与美誉度。在后端商品（包装、呈现）以及物流体验（海外仓、退换货）上，基于本地渠道的高质量服务将进一步推动业务的渗透。

8. 出口跨境电商物流模式

目前跨境B2C电子商务物流有国际小包和国际快递、海外仓和聚集后规模化运输3种方式。

（1）国际小包和国际快递（传统、简单直接）

① 国际小包：主要包括中国邮政小包和新加坡邮政小包等。据有关方面统计，在中国跨境电商出口物流方式中，70%的包裹都是通过邮政体系投递的，其中中国邮政占据50%左右的份额。

② 国际快递：指四大快递商业巨头，即DHL、TNT、FedEx和UPS。

特点：运输时间长、成本高、发件方便、清关便捷、征税率不高。

例如，在德国，交给德国邮政；在澳大利亚，交给澳大利亚邮政；在荷兰，交给荷兰邮政，发件方付费。然后，德国邮政、澳大利亚邮政、荷兰邮政等通过万国邮政联盟，将货物发到中国，再由中国邮政清关派送。清关采取个人行邮的方式进行。

（2）海外仓

特点：运输成本低，可以提高速度，但建设成本和运营成本很高。因此，引入第三方物流仓储公司很有必要。

目前不少物流服务商都已经开通了海外仓服务。例如，出口易早在2005年就开始运营在美国、英国等地的仓库；4PX推出的订单宝（海外）也旨在为卖家提供英美德等国家的海外仓储服务；Amazon通过自建仓储提供FBA服务；eBay联合万邑通推出Winit海外仓；大龙网与XRU在俄罗斯联合建设海外仓；京东商城的海外市场得到了比利时国际邮政的支持，承接了其在欧洲的外贸电商物流，并准备开设海外仓。

（3）聚集后规模化运输

聚集后规模化运输主要有两种方式。一种是企业自身集货运输。这种物流运输模式的特点为：B2C平台本身即为外贸公司，企业自己从国内供应商处采购商品，通过自身的B2C平台出售给国外买家，通过买入/卖出赚取利润差价。

另一种是通过外贸企业联盟集货，主要是利用规模优势和优势互补的原理。一些具有货物相似点的小型外贸企业联合起来，组成B2C战略联盟，通过协定成立共同的外贸B2C物流运营中心。其缺点是有较长的运输周期和复杂的物流程序，并且企业在前期需要投入大量的资金。

1.2 进口电商发展历程

随着改革开放和市场经济改革的步伐加快，人们的收入水涨船高，生活水平也日益提高，开始从关注生存转向关注生活。尤其是随着人们对生活品质的追求，人们开始对国外好的产品产生购买欲望，这为我国进口电商发展带来了机遇。本节将从进口电商发展的模式、进口电商发展和进口电商政策3个方面阐述中国进口电商发展历程。从这些不同的角度中能看到在国家政策的指引下，进口电商是如何基于自身特点、行业发展的趋势以及客户的需求来寻求自身的发展的。

1.2.1　进口电商模式

进口电商模式发展的演变是随着人们收入的增加和需求的改变进而发展壮大起来的，从最初的个人代购到现在的各大电商平台纷纷布局进口取得了飞速发展。下面将从以下几个阶段阐述进口电商模式。

1. 起源：2005年个人代购

代购产业的起步阶段甚至称不上是"产业"，只是在外留学的中国学生或在外工作的国人，每年回家的时候帮亲戚朋友带点化妆品、手表、皮包等物品。人们总是很期望得到他们从国外带回来或者寄回来的物品，因为这些物品有些国内没有，有些国内有但价格高昂。而跑腿的次数一多，委托人自然要给些"小费"感谢。久而久之，收取商品价格10%的代购费，成了不少代购的共识。随着海外代购受到国人热捧，除了职业代购人外，因公经常出差的人、导游和空姐成了"私人代购"行业中的主力军。一些理性的聪明人开始看到这种行为中存在的商机，他们开始联合自己在境外的亲戚朋友帮人们购买他们想要的物品。在这种传统的代购模式下，用户选择好商品，找到可靠的代购，然后给予一定比例或金额的代购费，接下来的事情都由代购去完成。在这个流程中，选择代购非常关键，人们往往依靠同事或者朋友的口碑推荐。

2. 发展：2007年淘宝全球购

由于计算机与网络的普及、电子商务的发展、人们生活水平的提高及食品安全问题等原因，人们网上购物的购物范围从国内发展到了国外，海淘开始兴起，出现了一批专注于海淘的网站和企业，这些海淘网站和企业充当了过去代购者的角色。2007年，淘宝创立淘宝全球购，汇聚了销售全球优质商品的卖家，真正满足了消费者"足不出户淘遍全球"的心愿。新模式让海外购物变得更方便。如果仅靠朋友代购，只有小范围的人才能从海外代购。但是如今，网络平台为人们提供了更方便的渠道。随着全球购的商品越来越丰富，网民足不出户就能便捷地购买全球正品大牌，也让奢侈品变得愈加亲民。有资料表明，自从淘宝网开通海外代购服务以来，其网店每月成交量均增长迅速。因此，全球购壮大了代购行业的市场，也使新兴的代购市场的体系日趋完备。

3. 壮大：2008年"三鹿奶粉"事件

2008年，在经过"三鹿奶粉"事件后，国内部分奶品的质量让部分家庭担忧，有更多的家庭选择从海外代购奶粉，一度引起代购奶粉的热潮。进口奶粉代购赫然列于淘宝、eBay网页最热门搜索栏目之中。而后，中国的年轻妈妈们开始把目光投向国外原产地奶粉。如小山一般的奶粉包裹涌向了中国东部各大口岸城市的码头，从天津到青岛，从上海到宁波，从厦门到广州，一大批从国外邮寄来的奶粉，在满足千万家庭的婴幼儿口粮的同时，也冲击着中国的进口贸易。

4. 强盛：2014年"海代"走出灰色地带

2014年8月1日，中华人民共和国海关总署（以下简称海关总署）〔56号文〕生效，〔56号文〕实施后，个人物品将按行邮税进行征税，未经备案的私人海外代购（海代）将被定为非法。根据政策要求，跨境电商整个过程的数据需要纳入"电子商务通关服务平台"，与海关联网对接。此外，进出境货物、物品信息也要提前向海关备案。对此，大的企业平台已经早有准备，阿里巴巴在海外进行了多起并购，其中不少和电子商务相关，京东也是如此。它们计划"走出去"，跟国外企业合作，将经营规范化。〔56号文〕对于国际规模性的正规跨境电商是一件好事，它更好地规范了行业中的企业。据统计数据显示，2013年，中国海外代购市场的交易规模超过700亿元，2014年市场规模超过1 500亿元。

同时，海外代购已不局限于简单的生活用品：由单一名牌箱包到一时成名的奶粉到生活用品再到奢侈品，消费者所用商品都可海外代购。多样的品种、低廉的价格、较高的质量是海外代购兴起的主要原因。在国内，由于较高的关税和部分代理商的垄断，化妆品、电子产品、奢侈品等国外产品的价格普遍偏高，按照相关规定，位列海外代购首位的化妆品要收50%的进口税，而数码产品、手表类征收30%的进口税，金银首饰及文化用品等商品征收税率最低为10%。除了进口关税，目前我国进口产品进入流通环节还要收取17%的增值税。所以随着互联网电商平台的发展和普及，部分国人选择借助代购渠道购买这些商品，足不出户依然可以买到远远低于国内市场价格的商品。

产品样式的多样性也为海外代购的壮大添上了浓墨重彩的一笔。一些国外产品符合国内消费者的喜好要求，加之电子商务的成熟，消费者通过网络购物的方式能够更加便捷地获得自己喜欢的国外产品。与此同时，庞大的留学生数量亦为代购业提供了大量的供货渠道。目前，网络海外代购主要有C2C（Consumer to Consumer）、B2C（Business to Consumer）两种服务模式，C2C模式是指个人在大型购物网站的平台上搭建的私人代购店铺，如淘宝网上的海外代购店铺；B2C模式是指商家直接搭建的专业代购网站，如美国代购网、eBay。其中，C2C模式又可以划分为两种服务方式，一种为卖家依据消费者对品牌、型号、尺寸等产品相关信息的要求，在境外购买并以邮寄或者随身携带的方式入境；另一种为卖家提前将境外的热销产品购买至境内，在网络店铺中展示产品并出售。

1.2.2 进口电商发展

中国跨境进口电商发展至今，已有12个年头，在这12年中，跨境进口电商蓬勃发展。2016年，中国跨境进口电商交易规模为12 000亿元，这意味着中国跨境进口电商交易规模首度跨入"万亿时代"。下面将从以下几个方面分析进口电商的发展。

1. 市场规模

自2014年下半年海关总署发布〔56号文〕〔57号文〕以来，众多企业借着政策的东风涌入跨境进口零售电商行业。经过一年多的发展，该行业逐渐壮大，2016年跨境进口零售电商行业交易规模达到2198.1万亿元，较2015年同比增长1013.8万亿元。未来几年，在政策保持利好的情况下，跨境进口零售电商市场仍将保持平稳增长，如图1-8所示。

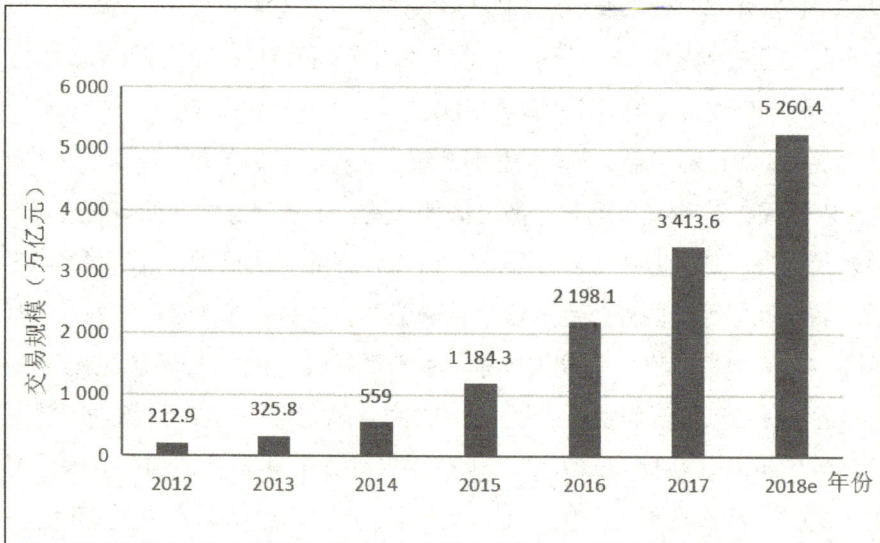

图1-8 2012—2018年中国进口零售市场交易规模及预测

2. 用户规模

2016年中国海淘用户规模达到0.41亿人。从2014年至2016年呈不断上升趋势。2016年，中国海淘用户规模增速达到78.3%，此后，中国海淘用户规模增速逐渐放缓，2018年，中国海淘用户预计将达到0.74亿人，如图1-9所示。

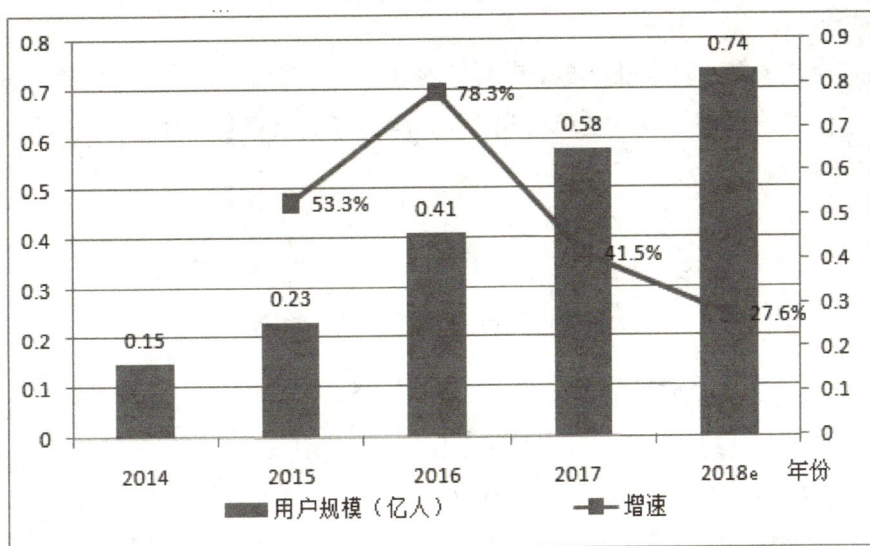

图1-9　2014—2018年中国海淘用户规模及预测

中国跨境电商用户规模将进一步扩大，平台应抓住用户红利期谋求快速发展。

3. 进口电商企业

2016年中国跨境电商零售进口销售额占比分布中，网易考拉以21.6%的市场占比居于首位，天猫国际销售份额占比为18.5%，居于第二位，唯品国际紧随其后，占比为16.3%，如图1-10所示。占比较高的电商平台要维系已经建立的忠诚度，同时也需要抓住机会，在激烈的市场竞争中，进一步扩大优势。

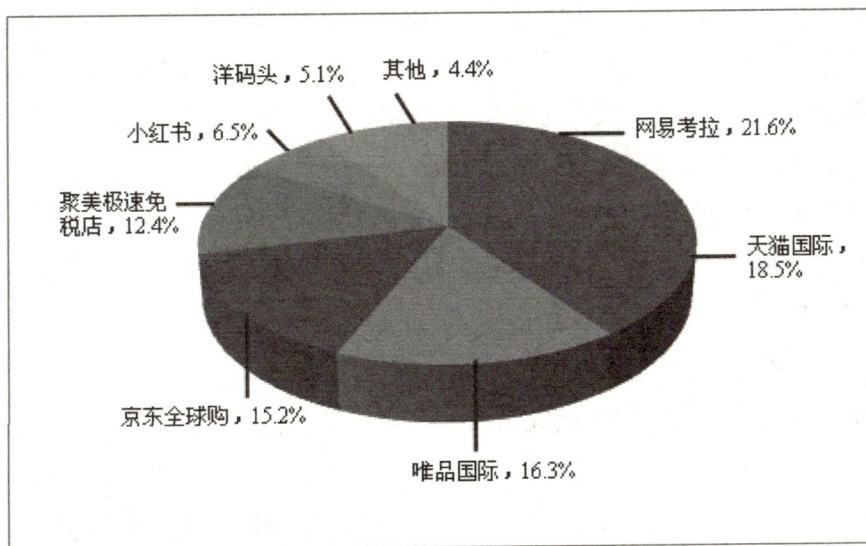

图1-10　2016年进口电商企业分布

4. 运营模式

从运营模式来看，跨境进口零售电商可划分为垂直自营类、综合平台类和综合自营类、垂直平台类4种类型。其中，部分自营类电商逐渐由垂直向综合发展，平台类以综合类为主，如图1-11所示。

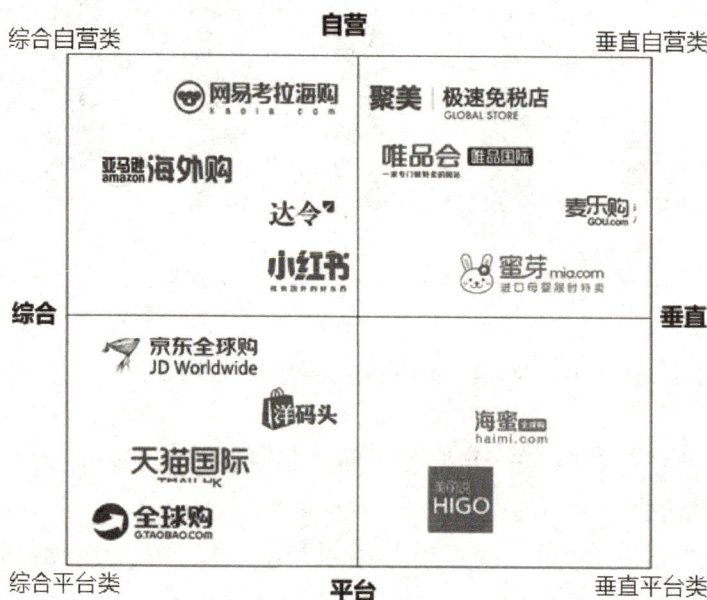

图1-11　运营平台

平台类的运作模式重点在于售前的引流、招商、平台管理，售后方面在一定程度上介入物流和服务，以补充商家不足。其优势集中在库存量单位（Stock Keeping Unit，SKU）丰富，能够解决用户多元化、长尾的需求，且选品灵活。劣势则是由于卖家不同，在商品质量、价格、物流、服务方面参差不齐。

自营类的运作模式类似于传统零售商，需要介入售前的选品、供应商管理、运营，并深入管理物流与服务。其优势在于商品质量有一定保障、服务到位、用户体验较好；劣势是SKU有限，且品类、品种拓展难度较大。

两者之间的对比如图1-12所示。

2015年市场规模呈爆发性增长，C2C平台份额较大、B2C增速较高，受政策影响，在2015年进口零售电商市场迎来爆发性增长，同比2014年增长111.9%，市场规模达到1184.3亿元，在进口电商中的占比达13.2%，在网购市场的渗透率达到3.1%。据分析，未来几年，在政策基本面保持利好的情况下，进口电商零售市场仍将平稳增长。

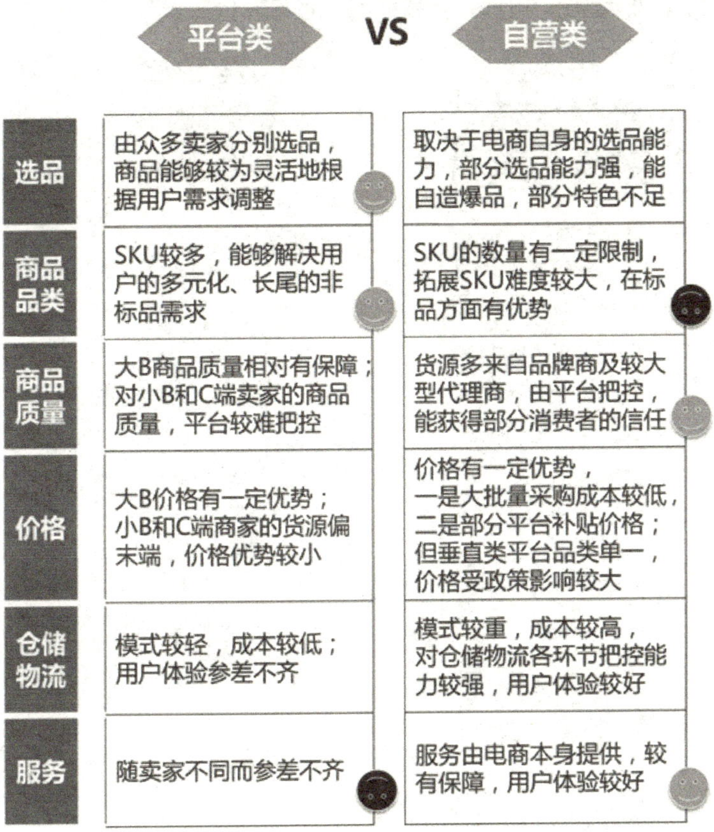

平台类 **VS** 自营类

	平台类	自营类
选品	由众多卖家分别选品，商品能够较为灵活地根据用户需求调整	取决于电商自身的选品能力，部分选品能力强，能自造爆品，部分特色不足
商品品类	SKU较多，能够解决用户的多元化、长尾的非标品需求	SKU的数量有一定限制，拓展SKU难度较大，在标品方面有优势
商品质量	大B商品质量相对有保障；对小B和C端卖家的商品质量，平台较难把控	货源多来自品牌商及较大型代理商，由平台把控，能获得部分消费者的信任
价格	大B价格有一定优势；小B和C端商家的货源偏末端，价格优势较小	价格有一定优势，一是大批量采购成本较低，二是部分平台补贴价格；但垂直类平台品类单一，价格受政策影响较大
仓储物流	模式较轻，成本较低；用户体验参差不齐	模式较重，成本较高，对仓储物流各环节把控能力较强，用户体验较好
服务	随卖家不同而参差不齐	服务由电商本身提供，较有保障，用户体验较好

图1-12 平台类和自营类的对比

从进口B2C和C2C模式的占比结构来看，目前C2C模式占比较高，B2C模式增速很快。在2014年以前，进口零售电商以淘宝全球购等C2C网站为主。随着政策的放开，大量B2C网站在2014年下半年开始出现，2015年市场规模达544.2亿元，同比增长3倍，份额占比达到46%。据分析，进口零售电商中的B2C模式目前仍处于发展早期，未来仍有较大的发展空间。

从平台和自营的结构来看，目前市场以平台类为主，自营类占比逐渐增大。由于平台类企业起步较早，且更容易形成规模，目前份额占比达74.5%。据分析，未来随着自营类企业数量的增加和规模的扩大，自营类占比将仍有所增加。

5. 进口跨境电商物流模式

进口零售电商的物流模式主要分为直邮模式、保税模式、集货模式、转运模式四种。其中，直邮模式和保税模式是最基本的两种。两者的主要差异在于下单顺序、清关方式。在流程上，保税模式先入境，用户下单后才清关。直邮模式则是用户下单后才开始递送，在入境时即需清关。保税模式和直邮模式的对比如图1-13所示。

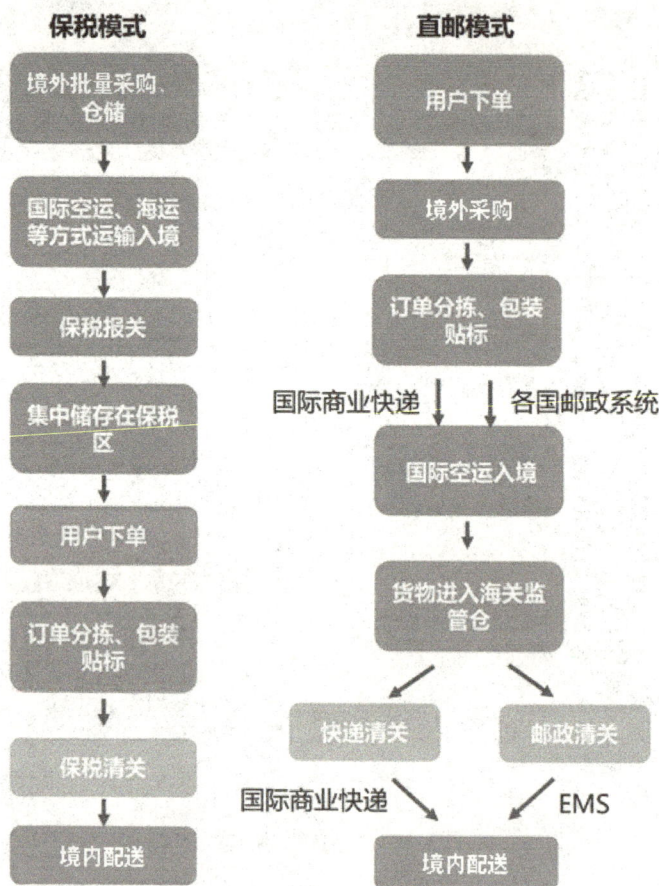

图1-13 保税模式和直邮模式对比

集货模式相当于直邮模式的升级版,以集运代替零散的运输,以节约成本。转运模式即海淘族在转运公司先注册成为用户,然后在境外电商平台下单,下单成功后,填写收货地址为转运公司,转运公司则安排后序的国际物流运输及清关加派送服务。其模式的优势是海外仓网点多且品项不限,弊端是时效无法保障,扣货现象严重。集货模式和转运模式的对比如图1-14所示。

直邮、集货模式一直以来是以个人快件或者邮政包裹的形式递送,按个人行李物品清关,所以一直按行邮纳税。保税模式下的进口商品按货物清关,但也按行邮税率纳税。2016年4月8日开始,海关新税制取消了此前50元的免征额度,并对个人年度交易限值进行了规定,个人单次交易限值由行邮税政策中的1000元(港澳台地区为800元)提高至2000元,同时设置个人年度交易限值为20000元。在限值以内进口的跨境电商零售进口商品,关税税率暂设为0%，进口环节增值税、消费税取消免征税额，按法定应纳税额的70%征收。超过单次限值、累加后超过个人年度限值的单次交易，以及完税价格超过2000元限值的单个不可分割商品，将均按照一般贸易方式全额征税。

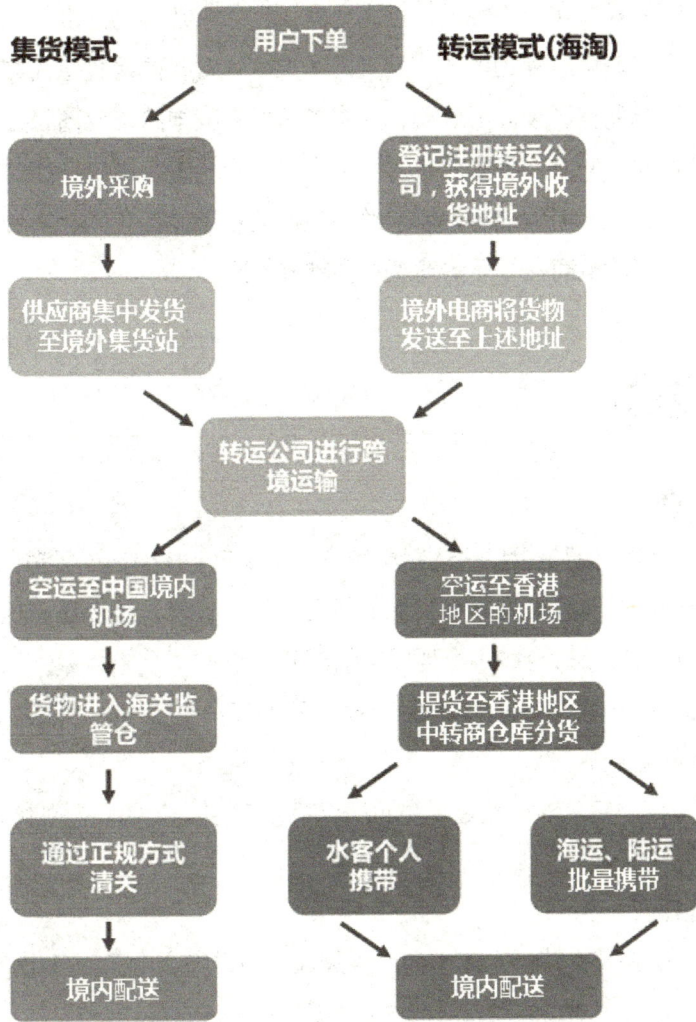

图1-14　集货模式和转运模式对比

　　为优化税目结构，方便旅客和消费者申报、纳税，提高通关效率，税务部门还同步调整行邮税政策，将目前的四档税目（对应税率分别为10%、20%、30%、50%）调整为三档。其中，税目1主要为最惠国税率为零的商品，税目3主要为征收消费税的高档消费品，其他商品归入税目2。调整后，为保持各税目商品的行邮税税率与同类进口货物综合税率的大体一致，税目1、税目2、税目3的税率将分别为15%、30%、60%。

本章小结

近年来，中国跨境电商整体交易规模自2013年的2.9万亿元，已经上涨到2016年的6.7万亿元，整体交易规模和用户规模持续高速增长，未来几年仍能维持较快的发展势头。本章通过分析进出口跨境电商的模式、发展两个维度，对我国跨境电商的现状进行了描述，让读者能对跨境电商有了全面的理解，从中能够看到我国跨境电商正处于高速的发展期，呈群雄逐鹿的局面。同时，各家资本对跨境电商的市场进行围猎，在这之中涌现出了一批优质的跨境电商企业，而且随着国家对跨境电商的顶层设计，以及出台的一系列利好的跨境电商的政策，跨境电商在今后的发展将会越来越好。

巩固练习

一、判断题

1. 一般的跨境电商是指广义的跨境电商，不仅包含B2B，还包括B2C部分，不仅包括跨境电商B2B中通过跨境交易平台实现的线上成交的部分，还包括跨境电商B2B中通过互联网渠道线上进行交易撮合线下实现成交的部分。（　　）

2. 跨境电商交易环节复杂（生产商—贸易商—进口商—批发商—零售商—消费者），涉及中间商众多。（　　）

3. 跨境电商缩短了对外贸易的中间环节，提升了进出口贸易的效率，为小微企业提供了新的机会。（　　）

二、单选题

1. （　　）在整个跨境电商中的比重最大，约占整个电子商务出口的90%。（　　）虽只占跨境电商总量的10%左右，但却是增长最为迅速的部分。

    A. B2B、B2C   B. B2C、B2B

2. 在整个跨境电商中，出口电商向哪个国家或地区出口得最多？（　　）

    A. 美国   B. 欧盟

    C. 东盟   D. 日本

3. 在整个跨境电商中，我国出口电商出口哪种产品最多？（　　）

    A. 3C产品   B. 服装

三、多选题

1. 和传统国际贸易相比，跨境电商呈现出传统国际贸易不具备的以下哪些特征？
（　　）

    A. 多边化　　　B. 小批量　　　C. 高频度　　　D. 透明化　　　E. 数字化

2. 为什么要做跨境电商？（　　）

    A. 有利于传统外贸企业转型升级　　　　B. 缩短了对外贸易的中间环节

    C. 为小微企业提供了新的机会　　　　　D. 促进产业结构升级

    E. 有利于中国制造应对全球贸易新格局

3. 跨境电商参与主体有哪些？（　　）

    A. 通过第三方平台进行跨境电商经营的企业和个人

    B. 跨境电商的第三方平台企业

    C. 物流企业

    D. 支付企业

四、简答题

1. 简述出口电商的主要模式及各模式的优势。

2. 简述进口电商的主要模式及各模式的优势。

第**2**章

跨境电商
岗位技能

本章知识结构

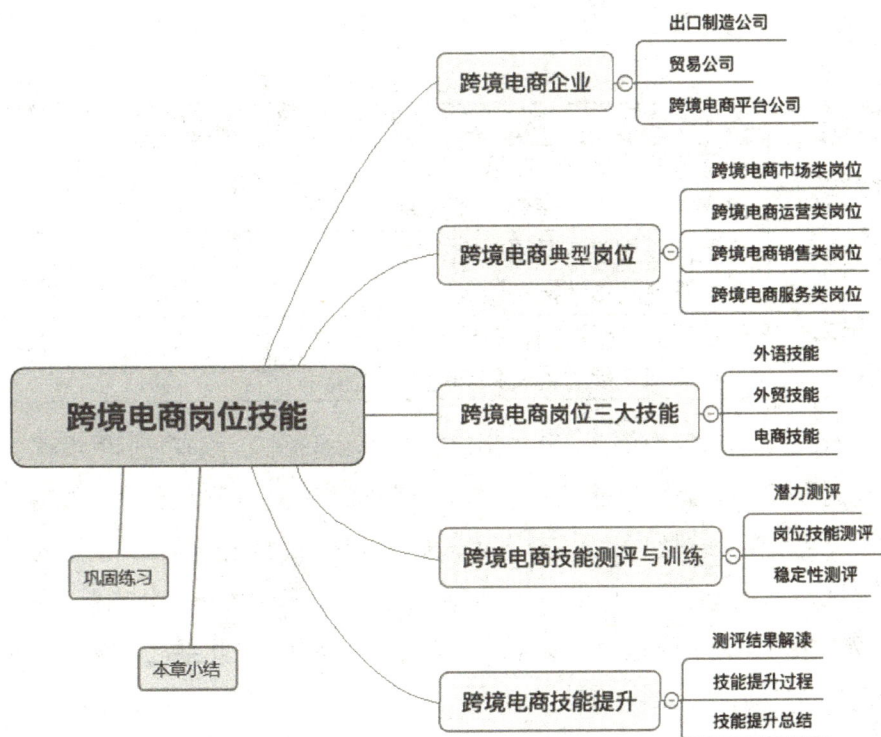

- 跨境电商岗位技能
  - 跨境电商企业
    - 出口制造公司
    - 贸易公司
    - 跨境电商平台公司
  - 跨境电商典型岗位
    - 跨境电商市场类岗位
    - 跨境电商运营类岗位
    - 跨境电商销售类岗位
    - 跨境电商服务类岗位
  - 跨境电商岗位三大技能
    - 外语技能
    - 外贸技能
    - 电商技能
  - 跨境电商技能测评与训练
    - 潜力测评
    - 岗位技能测评
    - 稳定性测评
  - 跨境电商技能提升
    - 测评结果解读
    - 技能提升过程
    - 技能提升总结
  - 巩固练习
  - 本章小结

跨境电商岗位技能是跨境电商人才走向工作岗位需要具备的技能。在当前的社会中，许多大学毕业生在工作之前会有一段实习经历，但是他们中的大部分人员对自己即将从事的岗位缺乏一定的认知，尤其是许多跨境电商行业的工作人员对自己从事的工作缺乏足够的了解，再加上国内的跨境电商业务也是在人们生活水平的提高以及国家政策的变化下才开始逐步火热，因此了解跨境电商岗位、跨境电商企业，以及通过测评熟知和提升自己的技能是十分必要的。

2.1 跨境电商典型岗位

要学习和了解跨境电商岗位技能，首先要了解跨境电商的企业类型和特征。在我国，从事跨境电商业务的典型公司大致有3类，即出口制造公司、贸易公司、跨境电商平台公司，这3类公司包括了跨境电商从业人员的绝大部分。这3类企业的基本特征如表2-1所示。

表2-1 跨境电商不同企业主体类型及特征

分类	定义	主要行业价值	跨境电商属性
出口制造公司	它是行业的基础，主要从事产品研发、生产、销售、服务等	研发、生产	一般
贸易公司	它是行业加速流通的关键，主要是从事销售和服务	销售	较强
跨境电商平台公司	它是行业的新动力，主要提供互联网交易的场所和渠道	渠道	非常强

以上这3类企业之间互为依存，其中出口制造公司是根基，没有它们就没有产品，也就没有其他两个形态。当前出口制造公司作为跨境电商主体，其体量很大，如钢铁电商、塑化电商、有色电商、纺服电商、农业电商、能源电商、建材电商等出口制造公司；以及一些电商网站，如上海钢联、找钢网、钢为网、五阿哥、积微物联、中钢网、易钢在线、大大买钢网、报春电商、快塑网、找塑料、摩贝、大易有塑、化塑汇、网化商城、一亩田、链农网、有种网、冻品在线等。

贸易公司是加快行业发展不可或缺的力量，它们具有较强的资源整合能力，目前贸易公司分为进口贸易公司和出口贸易公司两种。进口贸易公司如中国进口汽车贸易有限公司（简称"中进汽贸"）；出口贸易公司如中建材集团进出口有限公司，这些公司也在逐步开展专业的跨境电商业务。

跨境电商平台公司是新型的中间渠道，其发展前期主要寻求商机获取地位，中期逐步发展为信息综合平台，后期会实现大宗贸易的全流程交易。但是这一进程还有待时日，有待技术的进步和外贸从业人员习惯的改变。跨境电商平台公司包括自营跨境电商平台公司和第三方跨境电商平台公司。自营跨境电商平台公司比较少，目前发展不成熟，如易单网。第三方跨境电商平台公司，发展较成熟，如阿里巴巴国际站。

跨境电商典型岗位代表着行业主流和通用岗位，这些岗位有以下3个特点。

① 代表性。可以代表岗位族中80%的企业共同设置的岗位，从业人群较多。

② 岗位价值重要。这些岗位代表岗位价值链上不可或缺的重要一环，其在发展过程中，都有较好的职业发展通道，能够给从业者提供稳定和可发展的平台。

③ 标准化程度高。这些岗位都有行业一贯的工作流程和标准，这些流程和标准增强了企业间同等工种之间的流动，也能为学校培养标准化的人才打好行业基础。

本书编写团队通过走访大量典型企业，分析现有互联网岗位的数据和行业内部数据，根据岗位的价值链即岗位工作的内容不同，将跨境电商典型岗位划分为4类，如图2-1所示。

图2-1 跨境电商典型岗位类型

其中跨境电商市场类岗位如国际市场推广、英文推广、国际点击付费推广、搜索引擎优化（Search Engine Optimization，SEO）、社交网络服务（Social Networking Services，SNS）推广等；跨境电商销售类岗位如外贸销售员、外贸业务员、外贸跟单员（即掌握国际贸易的基本义务流程，跟踪产品及服务运作流向，督促订单落实，对准客户实施推销跟进工作的人员）等；跨境电商运营类岗位如速卖通运营、阿里运营、Amazon运营等；跨境电商服务类岗位如物流操作员（即熟练使用相关软件进行订单处理、仓储管理及相关业务操作，做好信息传递和沟通反馈）、报关员（即正确进行进出口商品的报关，各种单证的审核等）、平台操作员等。

下面将从岗位定位及价值、岗位职责、任职要求、专业胜任能力、工作环境、晋升通道、所需技能解析等几个方面阐述跨境电商各类型的岗位。

▌2.1.1　跨境电商市场类岗位

市场类岗位主要有国际市场推广、英文推广、国际点击付费推广、搜索引擎优化（Search Engine Optimization，SEO）、社交网络推广等。需要说明一点的是，跨境电商市场类岗位主要是在公司中利用各自的推广方法给公司带来客户，带来流量，带来品牌效应。但是由于这类岗位的稀缺性，岗位人才较为紧缺，同时培养难度大，要求较高，尤其是这类岗位大部分都是需要公司花费大量的资金来支持的，所以这类岗位在小微公司较少，在平台公司较多。通常来讲，只有当跨境电商部门达到2个以上团队的时候，公司才会开始配备相关的基础岗位。

1. 岗位描述

在跨境电商企业中，海外市场推广是非常典型的市场类岗位，其岗位相关描述如下。

○ **岗位名称：** *海外市场推广*

○ **岗位定位及价值**

该岗位人员是公司国际化战略的具体执行和管理的人。以海外战略定位为中心，以海外渠道拓展、海外市场营销、海外市场经营为主，以电子商务为辅，在世界各地大力开发、扶持经销商渠道，挖掘客户资源，为客户提供售前、售后支持与培训，完成公司海外市场的销售目标。

○ **岗位职责**

① 对公司在海外地区的销售负责，对公司制订的目标任务负责。

② 负责海外拓展经销商及相关事项。

③ 负责公司海外产品在海外地区的市场调研，以及同行产品的搜集分析等。

④ 负责公司海外产品的标准化建设推广。

⑤ 负责电子商务平台建设，利用电子商务手段进行推广。

⑥ 负责公司产品海外销售模式的探索与执行，为已销售到海外地区的公司产品提供售后服务。

⑦ 负责海外展会资料的收集、分析、整理，并向总公司汇报；负责展会的实施，以及对展会结果进行分析并组织跟踪；做好相应产品或客户的备案等工作。

○ 任职要求（员工）

① 实现公司海外销售目标，注重自身综合素质培养。

② 熟悉海外思维，对互联网营销有一定的认识。

③ 拓宽海外渠道，因地制宜地挖掘经销商，促成合作关系。

④ 培养自己的谈判能力并维护与海外各大网络联系人的合作关系。

⑤ 策划相应活动来推广产品和品牌的名誉和知名度，负责产品推广方案的执行、效果的监测以及评估。

⑥ 掌握站外推广营销方法与技巧，了解网络推广营销的趋势与动向。负责在指定海外产品论坛社区发帖、回帖、顶帖等工作。

⑦ 基本要求：外语、国际贸易、市场营销等相关专业学历；具有较强的沟通、理解与学习能力，能快速学习产品功能；具有出色的独立思考能力和较强的执行力。

○ 专业胜任能力

① 身心健康，遵守法律，遵守基本行为规范，有一定的责任感、有公益环保心，人际沟通能力良好，冲突管理能力良好，善于团队合作。

② 能进行商机挖掘，能通过市场调研来收集数据，而后联系客户确认需求，随后根据消费者的需求进一步制订方案，并通过实地调研实践方案，进而修订和完善方案。

③ 能进行商务谈判，即能及时地处理商品争议，并记录和反馈相关情况，或者是能够规划客户需求，掌握一定的销售策略。

④ 具备一定分析思维和组织的能力，即掌握一定的基础知识和工具，同时具备跨专业知识技能，能够自我学习与创新、自我完善和发展，科学合理地调配资源和公司人员。

○ 晋升通道（见图2-2）

实习生/助理 → 海外推广专员 → 海外推广主管 → 海外推广经理

图2-2　海外市场推广岗位晋升通道

2. 所需技能解析

该类型的岗位需要较好的外语技能、外贸技能和一定的电商技能。在外语技能上，应具有较好的英语语言运用能力、较好的英语口译和笔译能力，以及较强的外贸文书阅读和写作能力。在外贸技能上，应具备一定的销售以及日常业务处理能力（开发国际客户；处理进出口订单；参加国际贸易展会，寻求、挖掘、跟踪意向客户；处理日常的外商联系与产品咨询；收集、整理、分析所属区域的客户资料，收集市场信息，签订外贸合同等）；熟悉国际贸易流程，能够独立开展业务和具有独立解决问题的能力。在电商技能方面，应熟悉常用海外推广平台及其基本使用方法和技巧。市场类岗位的技能雷达图如图2-3所示。

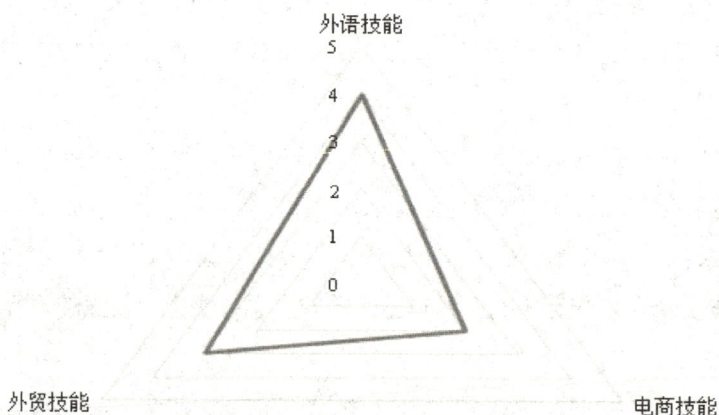

图2-3　市场类岗位技能雷达图

2.1.2　跨境电商运营类岗位

阿里巴巴国际站运营、Amazon运营、速卖通运营等需要大量跨境电商运营类岗位人才。跨境电商运营类岗位人员主要是通过跨境电商平台进行产品上传、推广和询盘回复等运营动作，完成客户询盘的初步沟通。这个环节是从流量到意向采购的过程，是漏斗转化的关键环节之一。

1. 岗位描述

下面以主流跨境电商平台阿里巴巴国际站运营为例进行岗位描述。

○ 岗位名称：阿里巴巴国际站运营

○ 岗位定位及价值

该岗位用营销学的4P理论（4P理论是一种营销理论，即Product、Price、Place、Promotion，意思为产品、价格、渠道、宣传）来阐述运营，就是发现好商品（类目运营）、好卖家（卖家运营），通过合适的渠道（流量拓展）、有效地促销寻找到合适的人群（买家运营、活动运营）。

○ **岗位职责**

① 实现公司运营目标，注重自身综合素质培养。

② 对互联网营销推广有一定的认识，能借助互联网手段进行推广，提高转化率；协助完成公司各项市场调研工作，并挖掘客户资源。

③ 负责类目运营、卖家运营和流量拓展。

④ 熟知阿里巴巴数据分析工具，并会用典型的数据分析工具，如黄金策、活动直播间、数据魔方、月光宝盒、天猫流量视图、淘宝指数、量子恒道、卖家档案、活动效果分析、卖家分层、卖家云图等。

⑤ 掌握站内、站外推广营销方法与技巧，了解网络推广营销的趋势与动向。负责运用互联网手段进行推广，如利用百度、谷歌等推广，提高流量、排名、页面访问深度、转化率；利用博客、论坛、社交网等各大网络用户聚集的网站，把公司产品推广到国外。

⑥ 基本要求：外语、国际贸易、电子商务等相关专业的学历；具有较强的沟通、理解与学习能力，能快速学习运营相应的工具；对数字敏感，会使用数据分析工具；具有出色的独立思考能力和较强的执行力。

进一步分类详述如下。

① 负责类目运营。需要进行市场调研、数据分析，优化产品详情、类目，调整产品价格，提高转化率；对数据敏感，能挖掘数据并且用于工作，如使用商业智能、数据Power Designer等；负责网店后台更新，具体事项涵盖页面SEO、网页图片Photoshop处理、网页布局设计、软文更新、二维码制作、软件产品Visio图文设计。

② 负责卖家运营。做卖家运营最常用的是卖家云图，它能以直观的方式看到各个层级的卖家在各个关键指标上的相对情况。还可以把这些指标重新筛选、配置，用"and"或"or"的关系，建立自己的卖家分层，并对每层的卖家实施不同的运营手段。

③ 负责流量拓展。提高相应产品的点击率、浏览转化率、购买转化率、客单价等。运用互联网手段如百度、谷歌等推广，提高流量、排名、页面访问深度、转化率；利用博客、论坛、社交网等各大网络用户聚集的网站，把公司产品推广到国外。

④ 负责买家活动运营。利用阿里巴巴数据分析工具查看页面的流量来源及去向、用户画像、卖家分析、商品分析、类目分析、每个区块的点击数据等，进而为公司营销推广事项出谋划策，协助完成公司各项市场调研工作，并挖掘客户资源。

○ **任职要求（员工）**

① 外语、电子商务等相关专业或有良好的外语基础。

② 熟练运用Office、Photoshop等办公软件。

③ 对阿里巴巴店铺营销工作有较深的认识，能够通过相关软件进行网店的日常管理。

④ 熟悉阿里巴巴的各种营销推广手段，能够熟练运用阿里巴巴的各种营销工具。

⑤ 熟悉店铺运营等各种操作规则，对店铺促销活动有较强的策划与组织能力；能够独立提出阿里巴巴店铺的管理方法、运营思路以及销售技巧。

⑥ 有至少一年以上的阿里巴巴运营经验或相关操作平台经验。

⑦ 具备足够的抗压能力，责任心强，具有很好的团队协作精神（非常重要）以及良好的职业道德。

○ **专业胜任能力**

① 掌握一定的数据分析方法，能够快速准确地截取阿里巴巴国际站后台数据并录入相应表格进行分析。

② 掌握一定的沟通技巧，能够协助相关部门获取客户，并能为客户提供最适合的优化方案，提升客户国际站询盘反馈率。

③ 具备一定的逻辑思维能力，有较好的适应能力和学习能力，认真负责，具有良好的执行能力和团队合作精神。

④ 注重细节，对数据有一定的敏感度。

○ **晋升通道（见图2-4）**

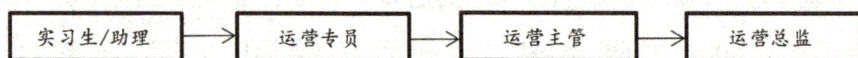

实习生/助理 → 运营专员 → 运营主管 → 运营总监

图2-4　阿里巴巴国际站运营岗位晋升通道

2. 所需技能解析

运营类岗位工作需要具备较强的电商能力，包括具有较强的文案写作、活动策划能力；较强的数据分析与数据报表制作能力；较强的问题分析和问题解决能力；熟悉电商线上线下的运营模式，能为线上线下的相关活动提供可行性参考意见。除此之外，还应具备一定的外贸技能，包括一定的销售以及日常业务处理能力（开发国际客户；处理进出口订单；参加国际贸易展会，寻求、挖掘、跟踪意向客户；处理日常的外商联系与产品咨询工作；会收集、整理、分析所属区域的客户资料，收集市场信息，签订外贸合同等工作）；熟悉国际贸易流程，能够独立开展业务和具有独立解决问题的能力。在外语技能上，还需要了解平台的一些基本外语词汇、本行业的产品及行业英语词汇和表达。运营类岗位的技能雷达图如图2-5所示。

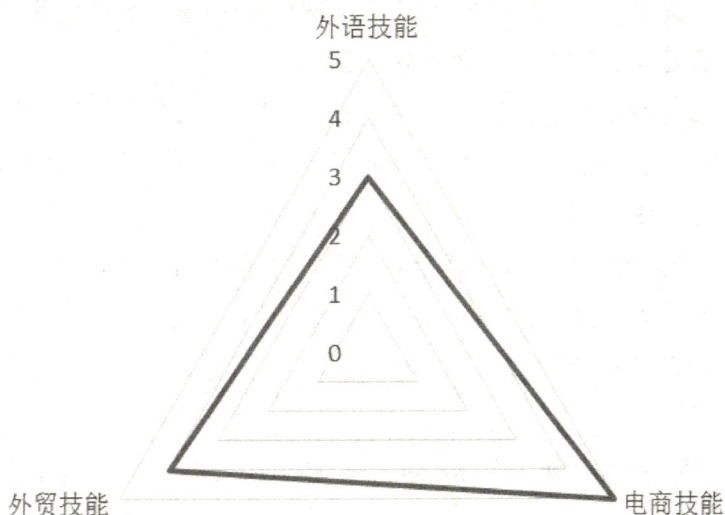

图2-5　运营类岗位技能雷达图

2.1.3　跨境电商销售类岗位

跨境电商销售类岗位负责基于上一个岗位（跨境电商市场类岗位）的询盘信息，进行各种渠道的谈判，让询盘变成订单，该岗位需要较强的销售促单能力。

1. 岗位描述

跨境电商销售类岗位有两类典型岗位，一是外贸业务员，二是跟单员。

（1）外贸业务员

〇 **岗位名称：外贸业务员**

〇 **岗位定位及价值**

外贸业务员是在进出口业务中，从事寻找客户、贸易磋商、签订合同、组织履约、核销退税、处理争议等进出口业务全过程操作和管理的综合性外贸从业人员。

外贸业务员直接同客户接触，一直处于工作的前沿，是公司与客户之间的桥梁，客户能通过同外贸业务员的沟通交流间接地理解公司的运作、文化等。

○ **岗位职责**

① 找到潜在客户，分析目标客户的需求，找到产品对应属于自己销售区域的市场，不断挖掘新客户。

② 负责潜在客户开发和客户前期服务工作。负责外贸市场行情和外销产品信息的搜集和整理工作；负责潜在客户的开拓，完成客户需求的各种服务协助，指导技术开发部门开发外销样品；负责本部门的外出展销和展览活动。

③ 负责客户的联络和业务洽谈工作。负责外贸客户的联络及业务洽谈，长期保持同客户的交往并提供服务，负责与客户的具体合同谈判，完成合同签署，对合同的完整性和各项条款的准确性负责。

④ 负责协调产品的生产交接、质量监督及货物运输工作。负责根据相关文件（传真、邮件、合同及其他文件）制作生产通知单，协调生产部门安排生产计划，协助相关部门在生产过程中对质量进行监督，并确认按时出货，协调相关人员安排外贸产品的运输工作。

⑤ 负责相关客户的售后服务工作。负责跟踪销售后的客户，完成对客户的相关售后服务工作。

⑥ 上级交给的其他工作。协助其他部门承担翻译工作和外宾接待工作。

○ **任职要求（员工）**

① 外语、国际贸易、国际金融等相关专业的学历。具有优秀的外语听说读写能力，能够快速熟练地书写商务信函，口语良好。

② 精通外贸流程，能够掌握从寻找客户到最后交单退税的整体流程。熟知对外贸易规章、政策，报关、货运、保险、检验等手续，各国和地区关税制度以及非关税方面的规定，国际汇兑、支付方面的知识。熟悉国际贸易法律、法规、公约与惯例等。

③ 了解电子商务平台营销规则，熟悉外贸平台各种营销工具，对站内推广有独到见解。

④ 具备良好的渠道策划推广能力和项目跟进能力。

⑤ 熟练操作Office等办公自动化软件。

⑥ 最好有外贸B2B、B2C平台推广、管理经验；熟悉电子商务销售模式。

⑦ 热爱外贸事业，敢于挑战自我，挑战高薪，能吃苦耐劳，勤奋务实，积极主动，具有良好的团队合作精神，拥有高度的执行力和忠诚度，能承受较强的工作压力，稳定性强，立志长期从事外贸行业工作。

○ **专业胜任能力**

① 熟悉阿里巴巴及其他外贸B2B平台的操作。

② 具备独立解决问题和独立思考的能力，有主动开拓的勇气。

③ 热爱外贸行业并始终致力于该行业发展，心地善良易相处。

○ **晋升通道**

外贸业务岗位的晋升通道有两条路径，一条是专业路径，如图2-6所示；另一条是管理路径，如图2-7所示。

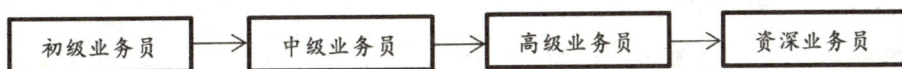

初级业务员 → 中级业务员 → 高级业务员 → 资深业务员

图2-6 专业路径

业务团队队长 → 业务主管 → 业务经理 → 业务总监

图2-7 管理路径

（2）跟单员

○ **岗位名称：跟单员**

○ **岗位定位及价值**

跟单员是指在企业运作过程中，以客户订单为依据，跟踪产品、跟踪服务运作流向的专职人员。跟单员不能由兼职人员或其他岗位人员替代；围绕着订单去工作，对出货交期负责，是推广公司品牌形象、提升公司业绩的关键。

○ **岗位职责**

① 寻找客户：通过各种途径寻找新客户、跟踪老客户。

② 设定目标：分清主要客户和待开发的客户，并对各类客户设定工作重点，合理分配工作时间。

③ 传播信息：将企业产品的信息传播出去。

④ 推销产品：主动与客户接洽，展示产品，以获取订单。

⑤ 提供服务：提供产品的售后服务及对客户的针对性服务。

⑥ 收集信息：收集市场信息，进行市场考察。

⑦ 分配产品：产品短缺时先分配给主要客户。

⑧ 协助业务经理接待、管理、跟进客户，如回复函电、计算报价单、验签订单、填对账表和目录、样品的寄送与登记、客户档案的管理、客户来访接待、主管交办事项的处理、与相关部门的业务联系等。

○ 任职要求（员工）

① 外语、国际贸易等相关专业的学历，具有优秀的外语听说读写能力，口语良好。

② 能够独立工作，具有出色的表达力。

③ 具有一定的法律知识，了解合同法、票据法、经济法等与跟单工作有关的法律知识，做到知法、守法、懂法、用法。

④ 具备良好的渠道策划推广能力和项目跟进能力。

⑤ 具备一定的物流知识，了解运输、装卸搬运、保管、配送、报关等知识。

⑥ 熟练操作Office等办公自动化软件。

⑦ 最好有外贸B2B、B2C平台推广、管理经验，熟悉电子商务销售模式。

⑧ 热爱外贸事业，敢于挑战自我，挑战高薪，能吃苦耐劳，勤奋务实，积极主动，具有良好的团队合作精神，拥有高度的执行力和忠诚度，能承受较强的工作压力，稳定性强，立志长期从事外贸行业工作。

○ 专业胜任能力

① 具备良好的综合素质，英语书写流利，能与客户直接通过电子邮件顺畅交流。

② 具备一定的业务钻研能力，熟练使用不同类型的翻译软件。

③ 能够根据客户的时差适应灵活的工作时间，并能积极协调与各部门的关系，与客户沟通解决生产中的问题，完成客户和领导交付的工作。

○ 晋升通道（见图2-8）

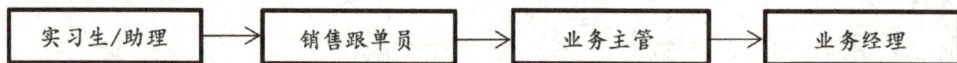

| 实习生/助理 | → | 销售跟单员 | → | 业务主管 | → | 业务经理 |

图2-8 跟单员晋升通道

2. 所需技能解析

销售类岗位应具备较强的外语技能、外贸技能和一定的电商技能。在外语技能方面，包括具有较好的英语语言运用能力，具有较好的英语口译和笔译能力，具有较强的外贸文书阅读和写作能力，具有外贸文书翻译能力；在外贸技能方面，熟悉国际贸易规则、客户国别背景文化、沟通谈判技巧等；在电商技能方面，具备较强的数据分析与数据报表制作能力，有较强的问题分析和问题解决能力，熟悉电商线上线下的运营模式，能为线上线下的相关活动提供可行性参考意见。销售类岗位的技能雷达图如图2-9所示。

图2-9　销售类岗位技能雷达图

2.1.4　跨境电商服务类岗位

跨境电商服务类岗位包括跨境电商财务融资岗、信保融资岗等，同时也包括跨境电商物流服务岗位，例如物流报关岗、仓储管理岗等，这些岗位都是非常重要的岗位，基本都是公司的成本中心，如果处理不好，将会造成订单流失。

1. 岗位描述

下面将选取有代表性的跨境电商服务类岗位来进行具体的描述，为了能够让大家有更全面的了解，接下来将会以跨境电商财务融资岗、信保融资岗、物流报关岗和仓储管理岗等岗位为例，从岗位名称、岗位定位及价值、岗位职责及任职要求等几个方面来进行岗位描述。

（1）财务融资

○ 岗位名称：财务融资

○ 岗位定位及价值

服从和服务于企业改革发展与稳定工作的大局，建设与企业发展战略和工作目标相适应的财务战略、财务管理体系和财务队伍，以实现企业战略和目标。通过融资、财务战略来控制企业风险，降低营运成本。

○ 岗位职责

① 负责公司融资工作，办理贷款、借款、结息等融资工作，做好投资资金的筹集。

② 负责公司所有融资项目的成本预算，组织协调实施融资预算，设计融资方案。

③ 负责分析市场和项目融资风险，对公司短期及较长期的资金需求进行预测，参与制订并统一实施公司的融资方案。

④ 执行公司的融资决策，及时报送融资所需的基础资料，及时跟进完善，及时解决期间的各种问题，确保审批的时效性。

⑤ 对银行给予的每一笔授信、融资进展情况编制台账，把握每一笔已批款的额度、利率、期限及抵押担保的情况，确保贷款及时发放，以满足公司的用款需求。

⑥ 对发放的每一笔贷款编制台账，详细反映贷款金额、利息和期限。

⑦ 积极开拓金融市场，与目标融资机构沟通，建立多元化的企业融资渠道，与各金融机构建立和保持良好的合作关系。

○ **任职要求（员工）**

① 会计、财务管理、金融等相关专业的学历。

② 参与寻找适宜的融资项目，进行项目的筛选、评估、分析，为公司决策提供依据。

③ 分析预测融资项目的风险，制订规避风险的策略。

④ 编制公司年度融资计划。

⑤ 分析研究各种融资方式和成本结构，选择融资渠道、制订融资方案。

⑥ 具体实施公司审批的融资方案。

⑦ 负责分析市场和项目融资风险，对公司短期及长期的资金需求进行预测，按时编写融资分析报告并提出相应的应对措施。

⑧ 进行市场调研，配合融资经理编制相关的融资预算方案和融资解决方案。

⑨ 根据融资工作进程及融资主管的工作安排，与融资机构商谈，确立最佳融资方案及融资条件，最终达成初步的融资协议。

⑩ 分析和调配资金，优化资金结构并合理使用，确保资金安全。

⑪ 根据领导安排，负责相关融资项目的调查和可行性分析研究，为融资项目准备推荐性文件，并拟订项目实施计划和行动方案，供企业领导参考。

⑫ 参与融资项目谈判，建立并保持与合作伙伴、主管部门和潜在客户的良好关系。

⑬ 监控和分析融资项目的运营过程，并及时提出业务拓展和管理改进建议。

⑭ 协助领导评估融资项目后期的结果，拟订项目结果评估报告。

⑮ 对融资项目的资料、决议、方案、报告等资料进行整理、归档并保管。

⑯ 熟练操作Office以及相关财务统计等办公软件。

⑰ 热爱外贸事业，敢于挑战自我，挑战高薪，能吃苦耐劳，勤奋务实，积极主动，

具有良好的团队合作精神，拥有高度的执行力和忠诚度，能承受较强的工作压力，稳定性强，立志长期从事外贸行业工作。

○ **专业胜任能力**

① 身体健康，遵守法律，具备高度的责任感。

② 掌握专业的财务金融知识和相关的法律知识。

③ 具备较强的资源整合能力，能够挖掘投资商，并具备较强的商务谈判能力，确保各类融资项目的达成。

○ **晋升通道（见图2-10）**

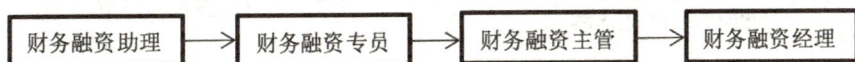

财务融资助理 → 财务融资专员 → 财务融资主管 → 财务融资经理

图2-10　财务融资岗晋升通道

（2）信保融资

○ **岗位名称：信保融资**

○ **岗位定位及价值**

信保融资是指短期出口信用保险项下的贸易融资业务，包括出口商短险项下融资业务和出口票据险项下融资业务两大类。例如，其中出口商短险项下融资业务是指出口商向中国出口信用保险公司（以下简称中信保）投保短期出口信用保险（包括综合保险、统保保险、特定买方保险或信用证保险），并签订赔款转让协议将保单项下的赔款权益转让给银行，银行根据出口商实际货物出口情况为其提供短期出口贸易融资业务。

信保融资岗人员需要通过了解公司进出口贸易实际情况帮助企业规避风险，便利融资，加快资金周转，规避收汇风险。具体的融资操作模式如图2-11所示。

○ **岗位职责**

① 负责公司项目融资工作，尤其是海外项目融资。

② 根据项目情况采取适当的融资运作模式，并把控融资时间节点。

③ 针对不同项目情况，设计定制化的融资方案。

④ 利用中信保各种产品（包含且不限于买/卖方信贷保险及融资租赁保险、特险、综合险、投资险等），并提供项目融资的建设性意见。

⑤ 利用一定的银行等金融机构及信保资源，完成项目融资任务。

⑥ 领导安排的其他工作任务。

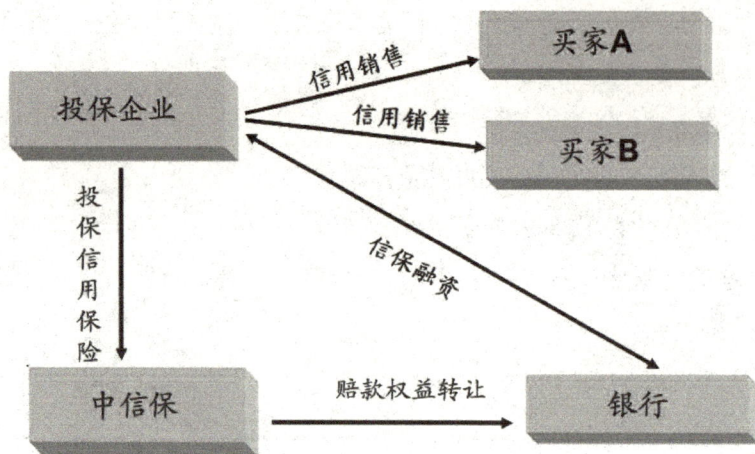

图2-11 融资操作模式

○ **任职要求（员工）**

① 会计、财务管理、经济类专业的学历，具备一定的财务、金融、法律等基础知识，具有良好的英语听说读写能力。

② 熟悉信贷业务全流程，拥有3年以上企业贷款、项目贷款尽调与审查经验。

③ 最好有银行信审、基金、证券、融资租赁、保理、融资担保等从业经验。

④ 具备3年以上海外项目融资（项目融资、融资租赁、出口信贷等）经验。

⑤ 熟悉融资模式设计。

⑥ 能分析预测融资项目的风险，制订规避风险的策略。

⑦ 能参与编制公司年度融资计划，具体实施公司审批的融资方案。

⑧ 能分析市场和项目融资风险，预测公司短期及长期的资金需求，按时编写融资分析报告并提出相应的应对措施。

⑨ 能根据融资工作进程及融资主管的工作安排，与融资机构商谈，确立最佳融资方案及融资条件，最终达成初步的融资协议。

⑩ 根据领导安排，负责相关融资项目的调查和可行性分析研究，为融资项目准备推荐性文件，并拟订项目实施计划和行动方案，供企业领导参考。

⑪ 监控和分析融资项目的运营过程，并及时提出业务拓展和管理改进建议。

⑫ 协助领导评估融资项目后期的结果，拟订项目结果评估报告。

⑬ 对融资项目的资料、决议、方案、报告等资料进行整理、归档并保管。

⑭ 熟练操作Office以及相关财务统计等办公软件。

⑮ 热爱外贸金融相关事业，敢于挑战自我，挑战高薪，能吃苦耐劳，勤奋务实，积极主动，具有良好的团队合作精神，拥有高度的执行力和忠诚度，能承受较强的工作压力，稳定性强，立志于长期从事外贸行业。

○ **专业胜任能力**

① 具有良好的人际沟通能力，善于团队合作。

② 掌握一定的金融和保险知识，有扎实的金融、保险专业类外语基础。

③ 具备较强的创新能力和反思能力，能够快速地从错误中汲取教训，快速成长。

○ **晋升通道**（见图2-12）

信保融资助理 → 信保融资专员 → 信保融资主管 → 信保融资经理

图2-12 信保融资岗晋升通道

（3）物流报关

○ **岗位名称：物流报关**

○ **岗位定位及价值**

负责公司进出口货物的批文报批、单证制作，办理通关手续和减免税务，办理通关后核销等相关手续。负责降低公司营运成本和保障公司商品境内外流通顺畅。

○ **岗位职责**

① 负责日常货物的报关报表以及制作申报表。

② 负责进出口订单的跟踪、单证、物流，以及跟单工作中涉及的各项内容。

③ 制作进出口退税材料、进港数据、报关材料、提单信息等海运单据。

④ 协调进出口运输及与货船公司之间的联络。

⑤ 负责境内外物流进度跟进、海外报关异常处理，准确控制从国内仓库发货到达国际仓库的运输时间。

⑥ 负责海关备案、进出口货品的报关、查验及各种单证的制订和审核。

⑦ 负责协调海关、商检与公司内部清关事宜的联络。

⑧ 选择合理的物流方式，关注航运价格走向，降低物流成本。

⑨ 负责客户的业务联系与沟通。

⑩ 配合财务做好核销、对账工作；配合财务处理进出口退税事宜。

○ 任职要求（员工）

① 外语、国际贸易、物流等相关专业的学历，具有优秀的外语听说读写能力。

② 熟知贸易报关、货运、保险、检验等手续。熟悉各国家或地区的关税制度以及非关税方面的规定，熟悉国际汇兑、支付方面的知识。熟悉国际贸易法律、法规、公约与惯例等。

③ 熟悉报关流程及相关法律法规，持有报关员资格证者优先考虑。

④ 熟悉进出口业务跟单操作流程，熟悉货物运输安排及相关注意事项。

⑤ 熟悉海运业务和海运操作流程。

⑥ 熟练操作Office等办公自动化软件。

⑦ 热爱外贸事业，敢于挑战自我，挑战高薪，能吃苦耐劳，勤奋务实，积极主动，具有良好的团队合作精神，拥有高度的执行力和忠诚度，能承受较强的工作压力，稳定性强，立志长期从事外贸行业工作。

○ 专业胜任能力

① 细心认真，有一定的责任感和公益环保之心，有良好的人际沟通能力，能够很好地和团队其他成员合作。

② 具备坚实的物流知识基础，能够快速地学习新的知识，并能加以运用。

③ 具备较强的执行力，能够快速地收集信息，整合资源，精准完成领导安排的任务，并不断地进行自我完善和发展。

○ 晋升通道（见图2-13）

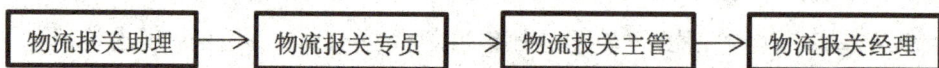

物流报关助理 → 物流报关专员 → 物流报关主管 → 物流报关经理

图2-13　物流报关岗晋升通道

（4）仓储管理

○ 岗位名称：仓储管理

○ 岗位定位及价值

对仓库物品进行管理，发挥好仓库的功能，降低企业运营成本，负责企业仓储相关工作。

○ 岗位职责

① 负责按时完成库房的验收、贴标、整理，信息系统数据的录入、填写和传递，相关单证、报表的整理和归档，复核、装车，协同车辆调度工作。

② 负责匹配库房货品实物数量与系统数量；货物到货时要及时上架，整齐分类堆放好仓库的产品；登记出入库。

③ 对接公司平台系统订单处理，包裹分拣。

④ 负责核检货品的质量，以及货架管理、次品破损件统计管理、包装物料管控。

⑤ 完成与各部门日常的对接工作；配合其他部门做后续工作。

⑥ 参与制订仓库的操作流程和管理制度。

⑦ 负责库房货架整理及货品安全。

○ 任职要求（员工）

① 物流仓储或其他相关专业的学历。需要稍微懂点外语（能看懂国家或地区的名称等）。

② 了解仓库管理流程，熟悉国际物流运作方式。

③ 了解更多的仓储模式，提高企业仓储运营效率。

④ 熟练操作Office等办公自动化软件。

⑤ 热爱外贸、仓储管理事业，敢于挑战自我，挑战高薪，能吃苦耐劳，勤奋务实，积极主动，具有良好的团队合作精神，拥有高度的执行力和忠诚度，能承受较强的工作压力，稳定性强，立志长期从事外贸行业工作。

○ 专业胜任能力

① 细心、勤劳踏实能吃苦。

② 熟练掌握常用的Office等办公软件，并具备一定的自学能力，不断更新自己的管理知识及相关仓储管理的知识。

③ 能够掌握跨专业的知识与能力，虚心请教他人，完善自我，提高管理自己和他人的能力。

○ 晋升通道（见图2-14）

仓库管理助理 → 仓库管理专员 → 仓库管理主管 → 仓库管理经理

图2-14　仓库管理岗晋升通道

2. 所需技能解析

跨境电商服务类岗位应具备较强的外贸技能和一定的外语与电商技能。在外贸技能上应具备国际贸易相关的专业知识，懂得维护客户关系；熟悉国际贸易流程，能够开展业务和独立解决问题。在电商技能上应具备较强的数据分析与数据报表制作能力，有较强的问题分析和问题解决能力；熟悉电商线上线下的运营模式，能为线上线下的相关活动提供可行性参考意见。在外语技能上应熟悉各国（或地区）文化交流沟通特点，熟悉职责岗位中用到的词汇并善于表达。服务类岗位的技能雷达图如图2-15所示。

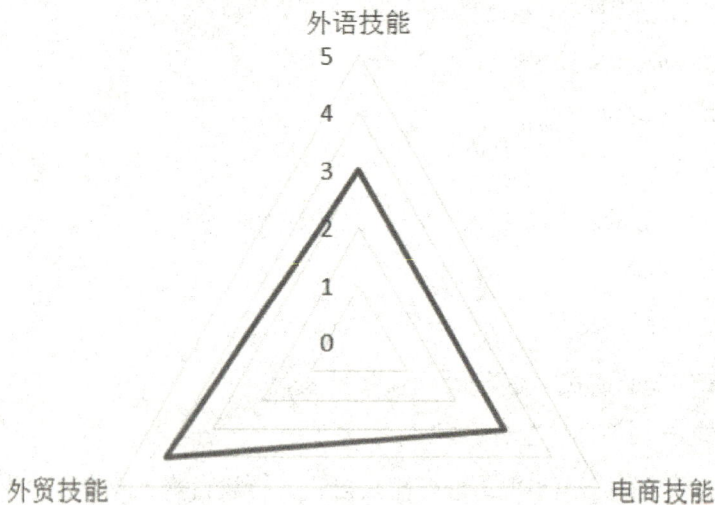

图2-15　服务类岗位技能雷达图

▌2.1.5　典型岗位对比分析

根据慧睿国际猎头部和招聘网站的数据分析，选取了跨境电商行业代表性较强的城市——北京、上海、广州、深圳、宁波的企业进行调研，通过相关数据统计分析得到一些信息。

以横轴表示岗位需求量，纵轴表示岗位类型，具体岗位分布图如图2-16所示。跨境电商销售类岗位依然是主体，占比达55%，其次是市场类、服务类，最后是运营类岗位。通过进一步调研发现，大部分企业还没有意识招聘运营类岗位人员，许多运营工作都归并到销售类岗位。随着跨境电商的不断发展，对运营岗位的需求量和重视程度将大大增强。另外，在几个重点城市的对比中，深圳跨境电商需求人数占比达40%，其次是广州，再次是上海、北京，最后是宁波，如图2-17所示。

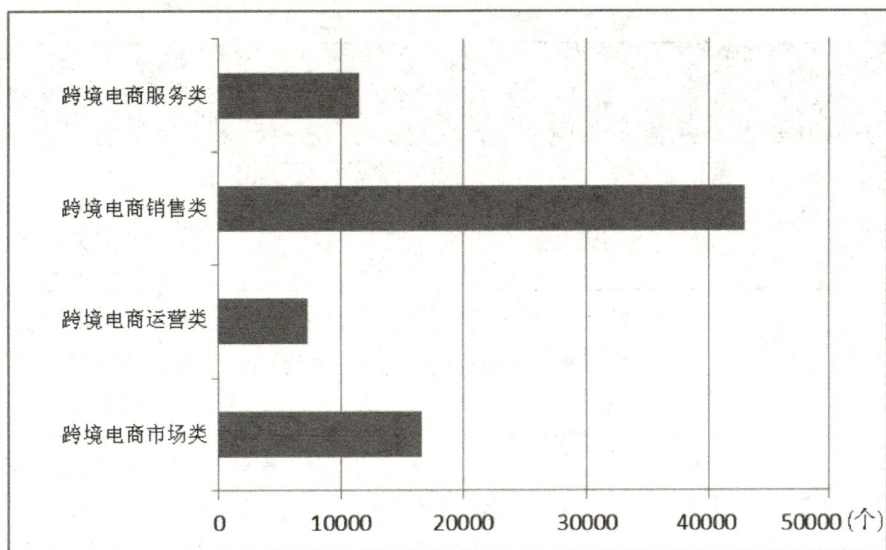

图2-16 跨境电商岗位分布图

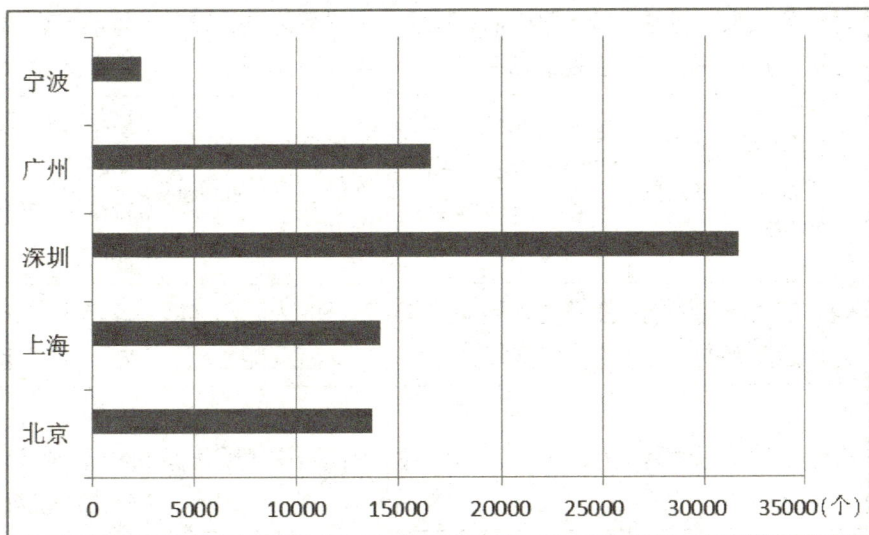

图2-17 各城市跨境电商岗位需求量对比

再进一步研究标杆企业时，发现这4类岗位的基本任职要求存在很多差异和相同之处，具体对比分析如表2-2所示。

表2-2　4类岗位基本任职要求对比表

任职要求	跨境电商市场类岗位	跨境电商运营类岗位	跨境电商销售类岗位	跨境电商服务类岗位
专业要求	外语、市场营销、国际贸易等相关专业	电子商务、外语等相关专业	外语、国际贸易、国际金融等相关专业	会计、金融、物流等相关专业
实践经验	与市场相关工作的经验和职业资格	线上线下运营管理相关经验和职业资格	线上线下与销售相关的经验和职业资格	金融、物流、报关等相关工作的经验和职业资格
执行能力	保质量、高效率地完成项目，兼具独立和团队工作能力	保质量、高效率地完成项目，兼具独立和团队工作能力	保质量、高效率地完成项目，兼具独立和团队工作能力，尤其是高度的团队合作能力	保质量、高效率地完成项目，兼具独立和团队工作能力，尤其是独立工作能力
学习能力	有学习热情，愿意接受新知识	有学习热情，愿意接受新知识	有学习热情，愿意接受新知识	有学习热情，愿意接受新知识
基本工具应用能力	掌握Office等基本软件及岗位相关软件的应用	掌握Office、Photoshop等基本软件及岗位相关软件的应用	掌握Office等基本软件及岗位相关软件的应用	掌握Office以及相关财务统计等基本软件及岗位相关软件的应用
沟通能力	较好的人际沟通能力、应变能力	良好的人际沟通能力、应变能力	良好的人际沟通能力、应变能力	较好的人际沟通能力、应变能力
语言能力	外语听说读写优秀	外语听说读写优秀	外语听说读写优秀	金融类岗位外语要求高，物流类岗位外语听说读写较低
适应能力	对工作强度、环境的适应性强	对工作强度、环境的适应性强	对工作强度、环境的适应性强	对工作强度、环境的适应性强
人格品质	认真细致、吃苦耐劳、有创新精神、责任心强等	认真细致、吃苦耐劳、有创新精神、责任心强等	认真细致、责任心强、吃苦耐劳、坦诚自信等	认真细致、责任心强、吃苦耐劳、踏实诚信等

2.2 跨境电商技能测评与训练

通过学习2.1节，我们了解到从事跨境电商要具备的技能主要有外语技能、外贸技能和电商技能。

外语技能是指从事跨境电商活动需要具备的外语语言运用能力，即较强的外贸文书阅读和写作能力、外贸文书翻译能力，较好的外语表达能力。

外贸技能包括具备国际贸易相关的专业知识；懂得客户关系维护；具备一定的销售以及日常业务处理能力，如开发国际客户以及处理进出口订单，参加国际贸易展会，寻求、挖掘、跟踪意向客户，处理日常的外商联系、产品咨询，收集、整理、分析所属区域的客户资料，收集市场信息，签订外贸合同等；熟悉国际贸易流程，具有独立开展业务和独立解决问题的能力。

电商技能包括具备电子商务专业知识；有一定的办公软件操作能力；具有较强的文案写作、活动策划能力；具备较强的数据分析与数据报表制作能力，有较强的分析问题和解决问题能力；熟悉电商线上线下的运营模式，能为线上线下的相关活动提供可行性参考意见；熟悉互联网模式，尤其是互联网各种营销手段，对互联网新方向有敏感的嗅觉，能把握互联网发展的新动向。

以上这3项技能只是跨境电商的单项技能，在从事跨境电商的过程中，从业人员往往需要面向具体岗位的复合技能。本节将针对跨境电商的核心技能，利用慧睿国际比较成熟的测评问卷，检测被测评者跨境电商技能的能力情况，得出被测评者的技能水平。岗位的技能测评能测评出被测评者所处的岗位等级，也能找到被测评者的短板，这样被测评者就可以更加有针对性地提高自身技能。

2.2.1 跨境电商技能测评

1. 测评系统简介

本书采用的测评方式是问卷测评，主要基于岗位进行测评，其中包括潜力、岗位技能、稳定性等维度，这些维度将立体展现被测评者的岗位能力。测评还通过互联网技术，相对准确地得到可靠的数据。

潜力测评主要是测评出被测评者在该岗位未来的成长空间，便于判断被测评者是否有被提拔和培养的潜力。例如，在外贸业务员的评估试卷中，沟通能力作为其中的一项评估维度，用以测评被测评者是否具有客户谈判和管理的潜力。

岗位技能测评主要是测评该岗位的核心技能，核心技能分为3～5个层级，包括新手、入门、熟手、专家和资深专家，不同技能维度的等级不同。例如，外贸业务员的客户开发能力是非常重要的能力，客户开发的能力测评是本岗位的核心技能评测之一。

稳定性测评主要是判断被测评者在该岗位是否具有较好的稳定性，是否存在离职的风险等。如跨境电商运营类岗位，通过对运营类岗位的人在对工作的认知方面的测试能判断其是否具有忠诚性，并通过过往的数据可以判断其稳定性。

2. 测评说明

为了进一步了解自身拥有的技能，知道自己的长处和短处，不断提高自己，我们需要借助专业方式或工具挖掘并发现自己。专业测评平台"测你"免费对大众技能进行测评，可以帮助被测评者轻松地了解自己的长处和短板，从而有方向、有目标地提高自己。当然，测评只是针对某一阶段被测评者拥有的能力进行，随着学习和发展，能力也会有相应的变化，建议至少每半年进行一次测评。

通过微信公众号进入"我的测评"，选择适合自己的测评选项，当时测评完立即出结果。外贸业务员面试测评结果如图2-18所示。

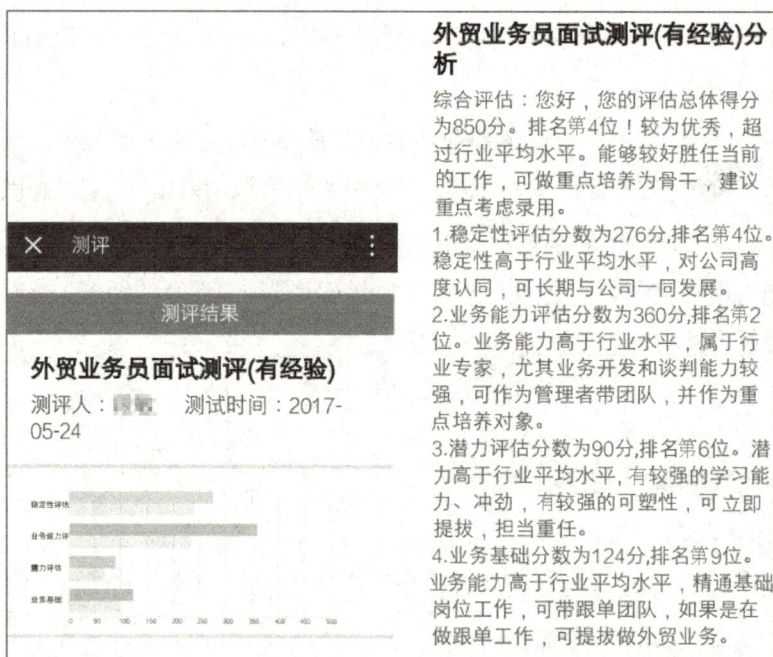

图2-18　外贸业务员测评结果

外贸业务员面试测评结果会出现各能力项目的条形图，以便被测评者可以直观了解自己的长处和短板，文字叙述分为5点进行结果分析。

（1）综合评估。对所测评的结果进行总体说明，计算测评总分、总排名等。

（2）稳定性评估。有分数、排名和相关技能解说。

（3）业务能力评估。有分数、排名和相关技能解说。

（4）潜力评估。有分数、排名和相关内容解说。

（5）业务基础。有分数、排名和相关内容解说。

2.2.2 跨境电商核心技能提升

本节主要是通过测评和案例的方式，介绍了跨境电商4个岗位的提升案例，让读者能够真正了解各岗位在企业中的提升方式和学习的重点。

1. 跨境电商销售

Cindy入职了一家大型国企担任外贸业务员。之前，Cindy有一定的外贸经验。在入职该企业时经过人力资源部的面试评估，使用测评平台，测评出了自己的优势和自己需要改进的地方。在3个月之内，Cindy对自己不足的地方进行了系统性的提升。Cindy的提升过程具体包括以下几个方面。

（1）测评结果解读

当时Cindy使用的是专业测评工具——"测你"平台，测评完的结果如图2-19所示。

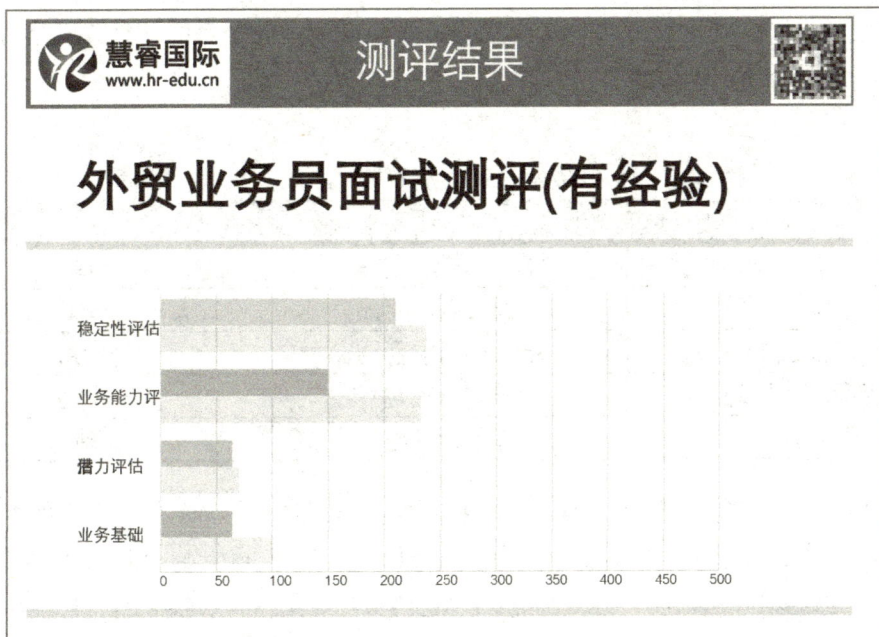

图2-19　Cindy的测评结果

测评结果解读如下。

- 综合评估：您的评估总体得分为488分，排名第29位，录用谨慎，低于行业平均水平，某一方面或者某几方面不是很优秀，需要进一步面对面考察是否录取。
- 稳定性评估分数为210分，排名第25位。稳定性处于行业平均水平，对公司认同，可中期和公司一同发展。
- 业务能力评估分数为150分，排名第27位。业务能力低于行业平均水平，各方面是新手，需要经过耐心培养才能胜任岗位。
- 潜力评估分数为64分，排名第23位。潜力处于行业平均水平，能干好岗位工作，并有一定的可塑性，可短期培养和提拔。
- 业务基础分数为64分，排名第27位。业务能力低于行业平均水平，各方面是新手，需要经过耐心培养才能胜任岗位。

（2）业务技能提升过程

Cindy的上级Colin根据测评结果做出如下诊断：根据测评结果，Cindy在客户开发技能上较为欠缺，而客户开发技能是新人必备的基础技能。这家公司是做建材的，客户资源不会轻易给予新人，需要新人自己开发。

Colin进一步分析测评的数据，发现Cindy在传统客户开发方面并不存在短板问题，但是在跨境电商客户开发方面却存在不足。阿里巴巴国际站是跨境电商大宗贸易主流交易平台，刚好公司也有阿里巴巴平台，所以Colin要求Cindy在3个月内学会该平台的操作，具体技能提升计划表如表2-3所示。

表2-3　技能提升计划表

需提升的技能	提升方法	提升学习时间
了解阿里巴巴国际站	自学（书籍、网站）	一周
关键字选择	培训和自学手册	一周
产品上传	培训和自学手册	一个月
询盘回复技巧	一对一辅导	一个月
谈判技巧	练习和辅导	二周

Cindy在进行提升计划学习的过程中曾经一度想过放弃，尤其是在学习产品上传和询盘回复时。产品上传烦琐、枯燥，询盘回复情况复杂，询盘回复之前还需要了解各方面的信息，在上级的指导和帮助，以及Cindy个人的努力下，Cindy的整体能力有了很大的提升。Cindy认识到询盘回复中要保持专业度，不能使客户对自己失去信任，否则会失掉客户资源。Cindy逐渐开始给自己安排项目或目标，让自己更多地尝试和锻炼，百炼成钢，

以更快地胜任自己的岗位。

（3）提升总结

Cindy通过以上提升方案，短短3个月之内就完成了出单计划，积累了50多个客户，得到了上级的表扬，并获得了提前转正的机会。Cindy很高兴，她表示感谢人力资源部用测评工具给自己进行了全面的测评，使自己能意识到自己的不足并有针对性地补自己的短板，感谢上级给予的帮助和肯定，让自己更有信心在跨境电商行业继续走下去。

2．跨境电商运营

Nancy在学校时就特别喜欢跨境电商行业的运营工作，所以大四下学期临近毕业前，他疯狂投递跨境电商运营的工作岗位，终于在练就一身"面霸"的本领后，被一家从事美容仪器的公司录取。回想起面试的经历还历历在目，Nancy和大家分享了那次难忘的经历：

"我当时接到人力资源部的面试通知，在面试时人力资源部给我一个微信二维码，扫描二维码后进入'测你'平台，回答了几十个问题，结果差强人意，当时担心自己不能被录取。因为我第一次遇到面试前还要做题目的，幸运的是，运营主管Bob看完结果，给予了我面试机会，在复试过程中，我成功进入了梦寐以求的行业和岗位，公司也非常不错。"

（1）测评结果解读

当时的测评结果如图2-20所示。

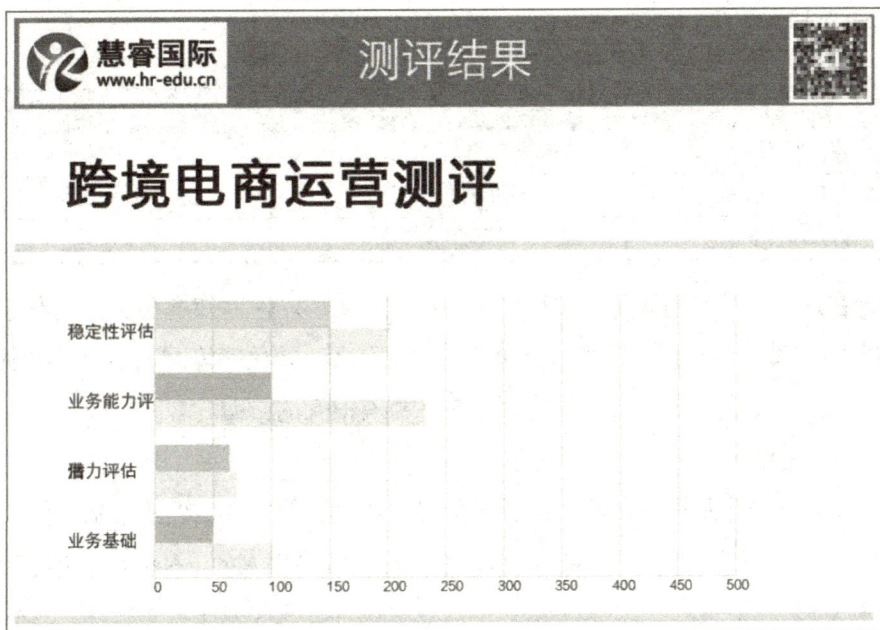

图2-20　Nancy的测评结果

测评结果的解读如下。

- 综合评估：您的评估总体得分为375分，排名第205位，录用谨慎，低于行业平均水平，某一或者某几方面不是很优秀，需要进一步面对面考察是否录取。
- 稳定性评估分数为150分，排名第132位。稳定性处于行业平均水平，对公司认同，可中期和公司一同发展。
- 业务能力评估分数为100分，排名第132位。业务能力低于行业平均水平，各方面是新手，需要耐心培养才能胜任岗位。
- 潜力评估分数为75分，排名第112位。潜力高于行业平均水平，具有较强的可塑性，可短期培养和提拔。
- 业务基础分数为50分，排名第132位。业务能力低于行业平均水平，各方面是新手，需要耐心培养才能胜任岗位。

事后了解到，当时Bob看中Nancy的主要原因是潜力部分得分较高，认为Nancy是可塑之才，确实Nancy的英语和勤奋程度较好，性格成熟。

（2）运营技能提升过程

入职后，Bob就是Nancy的直接上级，Bob一开始就结合测评结果给Nancy做了系统的新人提升计划，Bob要求Nancy在3个月内学会运营推广和数据分析等。技能提升计划如表2-4所示。

表2-4　技能提升计划表

需提升的技能	提升方法	提升学习时间
运营推广思路	自学（书籍、网站）	一周
运营推广工具学习	培训和自学手册	一个月
数据分析	练习和辅导	七周

Nancy在进行提升计划学习的过程中也犯过不少错误。但他知道在面对数据分析过程中的IP访问数、页面浏览量、销量、跳出率、地域分布、转化率等时，不允许出现低级错误，需要很细心，这样得出的结果才能对推广效果有很大的帮助。

（3）提升总结

Nancy也意识到当初面试的测评工具对他帮助很大，他发现测评的结果不仅是参考，同时也是制订提升计划的方向指标。同时，他也意识到事在人为，Nancy开始对自己做的事情制订计划或目标，让自己做得更好，同时也会进行阶段性测评，完善自己的不足。

3. 跨境电商推广

Henry是一家外贸服装公司的员工，公司要拓展业务，想要开通更多的渠道来销售自家的服装。Henry的上级John想让Henry负责国际的市场推广，Henry一筹莫展，自己虽会英语，但很多方面没有接触过，不知道自己有没有能力可以做好国际市场推广。John了解到Henry的困惑，并向Henry推荐专业的测评工具——慧睿国际的"测你"平台，测完之后，Henry针对测评结果有针对性地拟订能力提升计划，经过2个月的努力，Henry的推广效果使公司获得了翻倍的询盘机会，使他得到了上级的肯定，上级授予了Henry一定的奖励。下面展现Henry的提升过程，具体如下。

（1）测评结果解读

当时Henry的测评结果如图2-21所示。

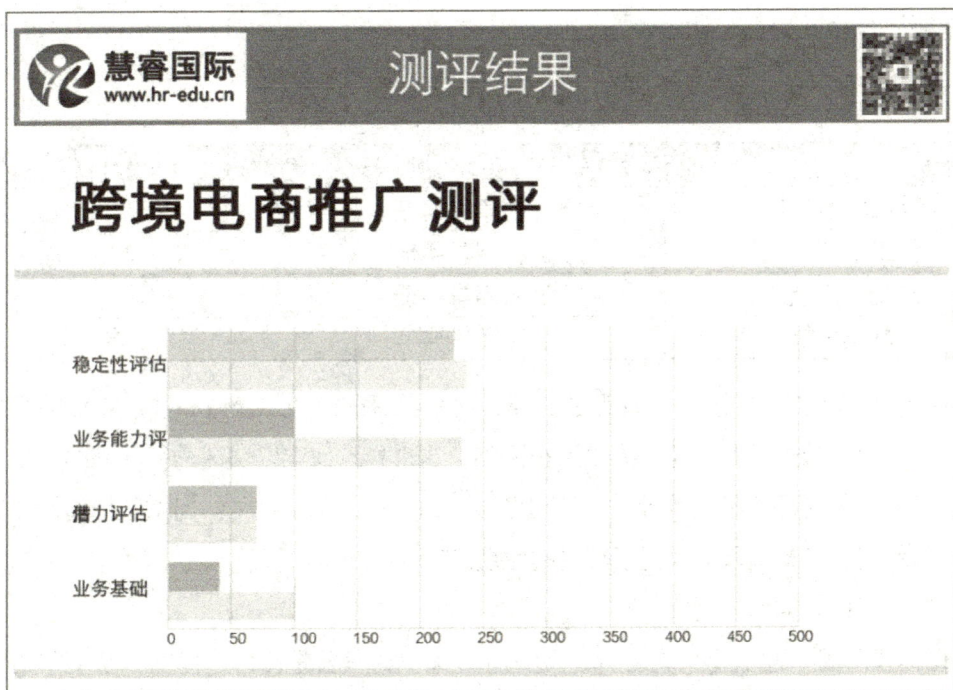

图2-21　Henry的测评结果

测评结果解读如下。

- 综合评估：您的评估总体得分为464分，排名第33位，录用谨慎，低于行业平均水平，某一或者某几方面不是很优秀，需要进一步面对面考察是否录取。
- 稳定性评估分数为246分，排名第23位。稳定性处于行业平均水平，对公司认同，可中期和公司一同发展。
- 业务能力评估分数为100分，排名第132位。业务能力低于行业平均水平，各方面是新手，需要耐心培养才能胜任岗位。

- 潜力评估分数为78分，排名第102位。潜力处于行业平均水平，能干好岗位工作，并有一定的可塑性，可短期培养和提拔。
- 业务基础分数为40分，排名第135位。业务能力低于行业平均水平，各方面是新手，需要耐心培养才能胜任岗位。

（2）国际市场推广技能提升过程

Henry意识到，国际市场推广少不了学习市场营销学，同时他根据自己在"测你"平台的测评结果，了解到了自己的优势和不足。Henry决定在接下来的3个月内进行有针对性的能力训练和提升，并列出了能力提升项目，以弥补自己的短板，让自己能更胜任这个岗位，技能提升计划如表2-5所示。

表2-5　技能提升计划表

需提升的技能	提升方法	提升学习时间
全球市场推广概览	自学（书籍、网站）	二周
传统推广技巧	培训和自学手册	一个月
网络推广技巧	培训和自学手册	一个月
数据分析	练习和辅导	二周

Henry在能力提升的过程中曾想过放弃，他在学习如何转化流量和涉及专业的国外语言如计算机概念和外语时，还是感觉到很困难，这也导致他难以快速进行国外的网络推广工作，但最后他还是克服重重难关，学到了够用的知识，也学会了如何做基础的推广策划方案，并最终在流量获取上获得了较好的业绩。

（3）提升总结

Henry意识到，功夫不负有心人，无论什么岗位，只要是自己选择的，都要踏踏实实做好。学习知识是工作的一部分，不断学习技能才能更全面。

4. 跨境电商客服

Dean曾经是做设计工作的，后来他意识到自己喜欢与人聊天并乐意帮助别人解决问题，他想了很久决定放弃设计岗位从事服务类岗位。而他所在公司也有Amazon平台，公司提供给Dean调岗的机会，但前提是他要从基础岗位学起。Dean表示愿意从Amazon客服做起。Dean发现Amazon客服并不是那么简单马上就能做好，并不是会英语就行。在Dean不知所措时，上级领导Kevin对他的能力进行了测评，测评是在专业的测评工具——慧睿国际"测你"平台进行的。测完之后，根据测评结果和Kevin的建议，Dean制订了个人能力提升计划，经过一个月的努力，Dean被评为星级员工，零投诉，客户满意度很高，并进入了服务VIP重要客户的行列。下面展现Dean的提升过程，具体如下。

（1）测评

当时Dean的测评结果如图2-22所示。

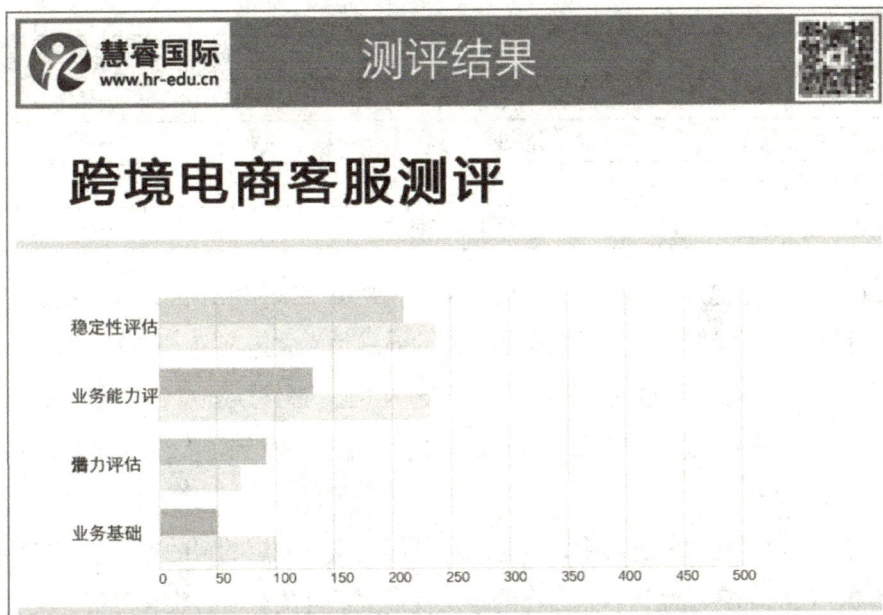

图2-22　Dean的测评结果

测评结果解读如下。

- 综合评估：您的评估总体得分为484分，排名第52位，录用谨慎，低于行业平均水平，某一或者某几方面不是很优秀，需要进一步面对面考察是否录取。
- 稳定性评估：分数为210分，排名第25位。稳定性处于行业平均水平，对公司认同，可中期和公司一同发展。
- 业务能力评估：分数为133分，排名第58位。业务能力低于行业平均水平，各方面是新手，经过耐心培养才能胜任岗位。
- 潜力评估：分数为91分，排名第12位。潜力高于行业平均水平，能干好岗位工作，并有一定的可塑性，可短期培养和提拔。
- 业务基础：分数为50分，排名第132位。业务能力低于行业平均水平，各方面是新手，经过耐心培养才能胜任岗位。

（2）Amazon客服技能提升过程

Dean意识到，作为客服少不了要深入学习自己公司的产品和业务，他根据自己在"测你"平台的测评结果，了解自己的优势和不足，Dean决定在接下来的1个月内进行有针对性的学习和能力训练，并列出了技能提升计划表，让自己能胜任这个岗位，甚至胜任更多的服务类岗位。技能提升计划如表2-6所示。

表2-6　技能提升计划表

需提升的技能	提升方法	提升学习时间
Amazon平台	自学（书籍、网站）	一周
邮件回复技巧	培训和自学手册	一周
服务技巧	培训和自学手册	一周
服务心态调整	练习和辅导	一周

Dean在实施能力提升计划的过程中曾怀疑自己学的知识作用不大，后来在练习的过程中，他接到一起客户投诉的电话，在解决客户的问题中，应用了自己所学的知识和相应的技巧，他这才意识到很多学过的知识终有一天会被用到。最终Dean克服各种困难，1个月内完成了提升计划，在自己的努力下成为Amazon星级客服，并得到了上级的表扬和赞赏。

（3）提升总结

Dean在提升自己能力的过程中，除了上级领导提供了一定的帮助外，还有专业的测评工具的辅助，让Dean客观地认识到自己的不足及需要提升的地方，没有苛责，没有盲目，只是坚持完成自己的提升计划，Dean就收获颇丰。Dean意识到看似基础的岗位却有很大的学问，之后会坚持自己的习惯，拟订方案，实现目标，完善自己，时刻准备迎接新的挑战。

总之，跨境电商领域的岗位纷繁复杂，本章只是介绍了典型的岗位和提升案例，更多的学习挑战将会体现在就业后的工作岗位上。一般在实际工作中，每个人在行业中担任或精通的岗位不超过2个，即使是管理岗位，也是在精通1～2个岗位后，利用管理技能，实现对部门或公司的管理，最终掌握全部技能。

最佳的学习提升方式是根据自己的专业和喜好，选择一个合适的岗位，然后学习和工作3年以上。此时，从业人员基本可以达到所从事岗位的中级技能水平，并进一步较好地掌握各项技能。

本章小结

本章开始讲述跨境电商的典型工作岗位，即跨境电商市场类岗位、跨境电商运营类岗位、跨境电商销售类岗位和跨境电商服务类岗位；然后梳理各类岗位中主要工作岗位的岗位名称、岗位定位及价值、岗位职责、任职要求、岗位胜任能力、工作环境和晋升通道等，分析了每类岗位对外语技能、外贸技能和电商技能的技能雷达图。在此基础上，通过典型岗位的核心技能测评，介绍了四大类型岗位的能力提升案例。

巩固练习

一、判断题

1. 运营类岗位最重要的技能是电商技能。（　　　）

2. 跨境电商销售类岗位是跨境电商岗位类型中需求数量最多的。（　　　）

二、单选题

1. 销售类岗位最看重的是哪项技能？（　　　）

　　A. 电商　　　　B. 外贸　　　　C. 外语

2. 哪个城市的跨境电商岗位需求量最大？（　　　）

　　A. 北京　　　　B. 上海　　　　C. 广州　　　　D. 深圳

3. 跨境电商运营岗位不包含（　　　）。

　　A. 阿里巴巴国际站运营　　　　　　B. Amazon运营

　　C. 速卖通运营　　　　　　　　　　D. 天猫运营

三、多选题

1. 本书使用的测评系统主要是测试哪几个维度？（　　　）

　　A. 岗位的潜力　　　　B. 稳定性　　　　C. 岗位技能

2. 跨境电商的技能主要有（　　　）。

　　A. 外语技能　　　　B. 外贸技能　　　C. 电商技能

3. 跨境电商销售岗位中的典型岗位有哪几个？（　　　）

　　A. 外贸业务员　　　　B. 跟单员　　　　C. 运营人员

四、简答题

1. 通过调查，阐述当前我国跨境电商南北地域的主要差异（不少于3条）。

2. 请搜索微信公众号"测你"平台并关注，选择一个自己感兴趣的岗位类型进行测试，获得测试结果后，制订自己的技能提升计划。

第 3 章

跨境电商
职业素养

本章知识结构

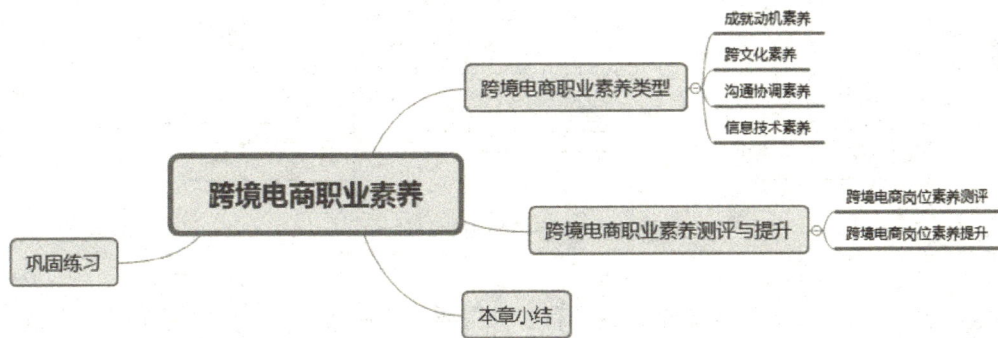

```
                                              ┌── 成就动机素养
                                              ├── 跨文化素养
                        ┌─ 跨境电商职业素养类型 ─┤
                        │                     ├── 沟通协调素养
                        │                     └── 信息技术素养
   跨境电商职业素养 ──────┤
                        │                        ┌── 跨境电商岗位素养测评
                        └─ 跨境电商职业素养测评与提升 ─┤
   巩固练习 ──┘                                   └── 跨境电商岗位素养提升
                        │
                        └─ 本章小结
```

本章主要探索跨境电商行业从业人员需要具备的职业素养。职业素养属于深层次的岗位心理学范畴，不容易察觉和自查，需要通过大量的案例研究将其中的心理学原理分离并抽象出来，变成概念，才更好理解。为了达到上述目的，本章将通过测评和案例的方式，让读者能够反思和认识自己当前职业素养的现状和不足，从而帮助读者提升自己的职业素养，同时也能为读者毕业后在跨境电商行业的发展奠定坚实的基础。

3.1 跨境电商职业素养类型

职业素养是职业综合行为的内在体现，也是一种职业习惯，甚至是个性和性格的一部分。不同的职业行为和环境，决定不同的职业群体有不同的职业特性的需求，这些特性的基础部分就是素养部分，素养部分很难培养，有的甚至是天生的。

根据大量的案例调研，总结出跨境电商职业素养模型如图3-1所示。

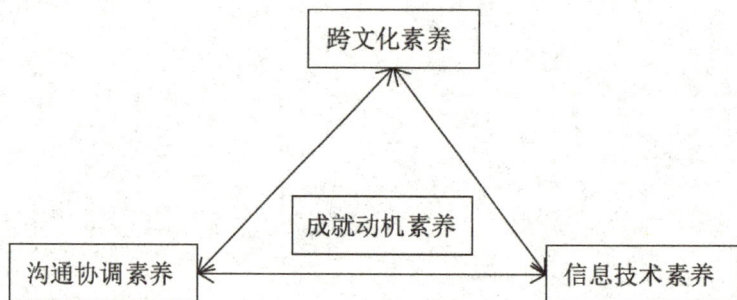

图3-1 跨境电商职业素养

模型说明：该模型是三角模型，但是有一个重要的职业素养在三角模型中间，它是一个更为基础的素养，即成就动机素养，它是其他3个素养的根基。跨文化素养是跨境电商岗位的基础能力，无论哪个岗位都会或多或少地体现出跨文化的要求。跨境电商的岗位不同，对沟通协调素养的需求也不同，有的表现在对外的口语表达，有的侧重于对内的沟通，有的侧重于书面表达，同时也会需要沟通、协调不同群体。信息技术素养是新型的技能要求，是从事跨境电商行业的必备技术能力，因为跨境电商行业是建立在互联网和商业交易行为上的，因此信息的获取和解读显得更加重要。

为了透彻了解这4个素养的定义、分级和案例，下面对它们一一进行解读和说明。

首先，我们对定义、评价等级分别做如下规定。

定义：定义是对概念的内涵和外延的确切而简要的说明，通过列出事物的基本属性来描述或规范一个词或一个概念的意义。

评价等级：等级评定法是最容易操作和普遍应用的一种绩效评估方法。这种评估方法的操作形式是，给出不同等级的定义和描述，然后针对每一个评价要素或绩效指标按照给定的等级进行评估，最后给出总的评价。本章采用的评价等级分为4个层级，具体为L1表示不合格的胜任特征行为；L2表示合格的胜任特征行为；L3表示优秀的胜任特征行为；L4表示卓越的胜任特征行为。

3.1.1 成就动机素养

成就动机素养是做好任何工作的基础，因为成就动机就是有把工作做好的决心、责任心和信仰。凡是有成就的从业者都具备很高的成就动机素养，工作没有完成或者完成不理想都有不安和自责感，他们会一如既往地追求目标达成后的快感和心安。下面介绍成就动机素养的概念、分级及案例。

1. 成就动机素养的概念

成就动机素养是从业人员能把工作做好，改进创新，并付出追求高标准的具体行动的能力。评价素质的核心是必须有客观标准来衡量这些愿望和行动，而不仅是依靠主观判断和被评价者个人的口头表示。客观标准可以有多种表现，如个人过去的工作水平（有改进）、具体结果（重实效），是否要求自己比别人做得更好（竞争意识），是否达到自我确立的高标准（自我激励），是否追求独特的成就（创新）。

2. 成就动机素养的分级

L1：得过且过，消极、抱怨，没有工作动力等。

L2：想把工作做好，对自己的绩效情况表示关心，试图把工作做好或做对，表达出把工作做得更好的愿望，对浪费和低效率感到不满和沮丧。

L3：通过修改工作程序、规章制度或自己的工作方法来提高工作成绩。典型的行为包括：把工作做得更好、更快，降低成本，提高效率，改进质量，使客户满意，提高士气，增加收益等（但没有设定具体的目标）。

L4：为自己制订具有挑战性的目标并采取具体行动去实现目标。挑战性是指尽了很大的努力后，成功的可能性为80%左右，如果不努力，成功的可能性为零的目标。（完全不切实际和不可能实现的目标不包括在内，另外目标也不一定只与数字相关，也可以表现在行为上。）

在实际测量的过程中可以对照起始水平的某个具体指标来判断经过努力后提高的程

度，如"在我接手时，工作效率是20%，现在已经提高到了85%"，或者是达到了某个特别的标准，如"这件事以前从来没有人做过"。

3. 提升成就动机素养的案例

小李是慧睿国际销售部门的资深优秀员工，当被问到他是如何成为优秀员工时，他讲述了如下故事。

当小李是新人时，他给自己定下了一个高于公司工作标准的目标，要求自己做的一定要比公司要求的要多，要多和客户接触。因此，他每天一早就去拜访客户，一天要跑四五家，晚上回来还要总结一天的收获、失误及要改进的地方，有时候他还请自己的导师带着拜访客户，自己在一旁听着，回来再询问思路，理清头绪。

小李进步很快，2010年他开始负责华东区域，主要是上海市场，从此北京、上海两头跑，对于上海这个他曾经战斗过的地方，他更不希望在这里完不成任务。小李陪业务员跑客户，梳理行业产品线，他坚信天道酬勤，只有往前走才能闯出一条光明大路。

这则真实案例中的小李属于成就动机的L4级别，他制订高于公司要求的目标，并完成了工作。

3.1.2 跨文化素养

随着经济全球化进程的加快，跨文化交际已成为每个人生活中不可缺少的部分。然而，各个民族的思维方式、生活习惯和行为方式都存在差异，民族文化的差异性会使跨文化交际不可避免地容易出现文化冲突，导致跨文化交际的障碍。因此，在进行跨境电商工作的过程中，如果从业人员能够具备跨文化素养，更好地认识不同文化的共同点和差异点，将有助于更好地开展自身业务。

1. 跨文化素养的定义

由于跨境电商业务都是深根于不同文化的商业行为，所以为了建立客户信任，需要对不同的文化保持敏锐的嗅觉。跨文化素养即跨境电商从业人员在业务开展过程中，为了能够快速对跨文化客户的生活习惯、信仰偏好和性格等方面有一个基础认识和了解，而去学习之后所形成的一种素养。

2. 跨文化素养的分级

L1：漠视不同客户的不同背景，一律按照自身文化的思维去理解和沟通。

L2：能够理解不同文化客户的工作时间和基本的生活习性，不谈客户除了工作以外的事情。

L3：能够充分了解客户的信仰、生活习惯、性格等，并能在交谈中谈论不同话题，进而开展不同层面的对话，和客户成为很好的朋友。

L4：不仅能与客户找到共同兴趣的话题，还能将彼此的话题融合，和业务结合起来，与客户成为很好的朋友，获得客户的好评，实现客户推荐客户的最佳状态。

3. 提升跨文化素养的案例

小王今年毕业，开始做安防工作，感觉职业发展有限，于是换公司做木业。他开始接手业务一个月多一点，运气好接到曾经下过单的客户询盘，不过小王中途发现该客户和公司之前闹得很僵。

一开始小王和客户说好做朋友，和这位印度客户聊得很不错。然而上司报错订单价格两次，导致小王和客户聊了差不多一个月，才定下来订单价格，客户最终付了定金。小王说："他真的把我当朋友，他说订单建立在友谊上，很感动他这么相信我。现在慢慢看到工作的希望了，我要坚持做下去，希望后面出货顺利。"

以上案例是小王利用自己交朋友的心态，挽回了已经不再和公司合作的客户，促成了新的大订单，这属于跨文化素养中的L3水平。

3.1.3 沟通协调素养

沟通是人与人之间传递、交流各种信息、观念、思想、感情，以建立和巩固人际关系的过程，是社会组织之间相互交换信息以维持组织正常运行的过程。协调是相关人员在其职责范围内或在领导的授权下，调整和改善组织之间、工作之间、人际间的关系，促使各种活动趋向同步化与和谐化，以实现共同目标的过程。沟通协调在跨境电商工作中起着至关重要的作用。下面将介绍沟通协调的定义、分级及案例。

1. 沟通协调素养的定义

沟通协调素养是指妥善处理与上级、平级及下级之间的关系，促成相互理解，获得支持与配合的能力。主要包含的核心点有积极沟通、换位思考、及时反馈和机制保证等。

2. 沟通协调素养的分级

L1：平时不注重沟通，遇到冲突与矛盾以强权或回避来解决；习惯以自我为中心的思维模式；缺少全方位思考的能力。

L2：了解沟通的作用，与工作中的各方都有比较好的关系；遇到问题与冲突时，愿意体谅与理解别人，能及时回复一部分信息；略懂得聆听的艺术，愿意以制度的方式明确沟通职责。

L3：与工作中的各方保持密切联系与良好关系；能够体谅和理解他人，愿意就具体情况做出调整与妥协；愿意就对方疑问做出及时的回应，确保信息准确表达；倾向于根据制度明确职责；懂得倾听的艺术。

L4：企业内部的桥梁，有着卓越的协调能力，能与上、下级做好沟通，并妥善处理好之间的关系，促进其相互理解，获得他们的支持与配合。

3. 提升沟通协调素养的案例

在一次项目中，由于项目执行比较紧张，在协调项目进度时，老刘发现了一个严重的问题——交货出现了问题，内部配合也存在问题。为了保证项目顺利进行，老刘跟中试部的相关负责人员沟通之后，达成一致，最终实现步调统一。

原来中试部的测试计划工作周期很长，与开发部、市场部的计划相差太大，所以老刘跟中试部沟通之后，统一了各方的计划。

因此，尽管中间出了问题，但通过沟通协调的工作，老刘慢慢地使中试部的计划和开发部、市场部的计划统一了起来。在这次项目拿下来之后，中试部就承担了今后的主要计划工作。这个项目让三个部门的工作比较好地衔接了起来。所以说尽管过程中出现了挫折，但是通过沟通，最后的结果基本上还是比较好的。

这个案例充分反映了沟通协调在项目中的价值和意义，老刘是沟通协调高手，处于L3水平。

▌3.1.4　信息技术素养

信息技术素养是全球信息化需要人们具备的一种基本能力。信息技术素养包括：能够判断客户什么时候需要信息，并且懂得如何获取信息，如何评价和有效利用所需的信息。

1. 信息技术素养的定义

信息技术素养是指把那些原始的、零散的信息经过归纳整理、综合分析、去粗取精、去伪存真，变成系统的、具有较强操作性和指导性的意见、建议的能力，包含信息搜索、加工、应用能力等。

2. 信息技术素养分级

L1：不重视信息的收集，不擅于使用信息搜索工具，没有能力对零散的资料进行加工，认为信息可有可无。

L2：能应用一些基础的信息搜索工具，明白信息的重要性，平时会积累一部分信息资源，能对零散的信息进行加工，从中提炼出自己的观点。

L3：能熟练掌握和使用信息搜索工具，视信息为资源，知道掌握了信息就掌握了工作主动性，能经常性地用大量的信息证明自己的观点，能够对零散的资料进行整合，提炼出信息的精华。

L4：有卓越的信息收集能力，精通各种搜索工具，能快速地将原始、零散的资料整理归纳；有卓越的综合分析能力，能够通过信息的整合，提出系统性、指导性的观点和建议。

3. 信息技术案例

陈经理的部门都有3个月没有出单了，其客户平台一直等着跨境电商客户的询盘。但是这个平台的询盘质量非常差，因此，业务迟迟开展不起来。后来陈经理开了个研究会，号召大家想办法解决这个业务死循环问题。

最终，大家决定利用国外的各种网络渠道和线下渠道打开局面，尝试了十几种客户开发渠道，包括付费的和不付费的各种渠道。最终，在逐步调整和淘汰过程中，他们发现了几种相对有效的手段，并完成了客户的开源，业绩不但没有下滑，反而提升了25%。

陈经理的案例给我们深刻的启示，他利用信息技术完成了部门业绩转型，属于L4水平。

3.2　跨境电商职业素养测评与提升

通过3.1节的学习，我们了解到从事跨境电商的素养主要有成就动机素养、跨文化素养、沟通协调素养和信息技术素养4种。这些素养在各个岗位的体现是不一样的，而不同岗位所需要的素养也是不一样的。

这4类素养，每个素养都分为4个层级，分别为L1、L2、L3、L4。L1为不合格；L2为合格；L3为优秀；L4为卓越。

在着手提升个人职业素养前，可先利用评测系统进行测评，测评系统会给出一个综合评价和4种分项评价，具体测评操作如下。

3.2.1　跨境电商岗位素养测评

跨境电商岗位素养是一个较为抽象的概念，本章编写人员为了能够帮助跨境电商从业人员对自身所具备的素养有一定的认识，并能够依据自身的实际情况设定提升目标，开发了专业的跨境电商岗位素养测评系统，并设计了问卷，以测评被测评者是否具有跨境电商工作素养，问卷名称为"基础工作能力测验"。

"基础工作能力测验"问卷由计算操作力、基本综合力、资料分析力和常识判断4个部分组成，其中每个部分还有2～3个素质项，如图3-2所示。

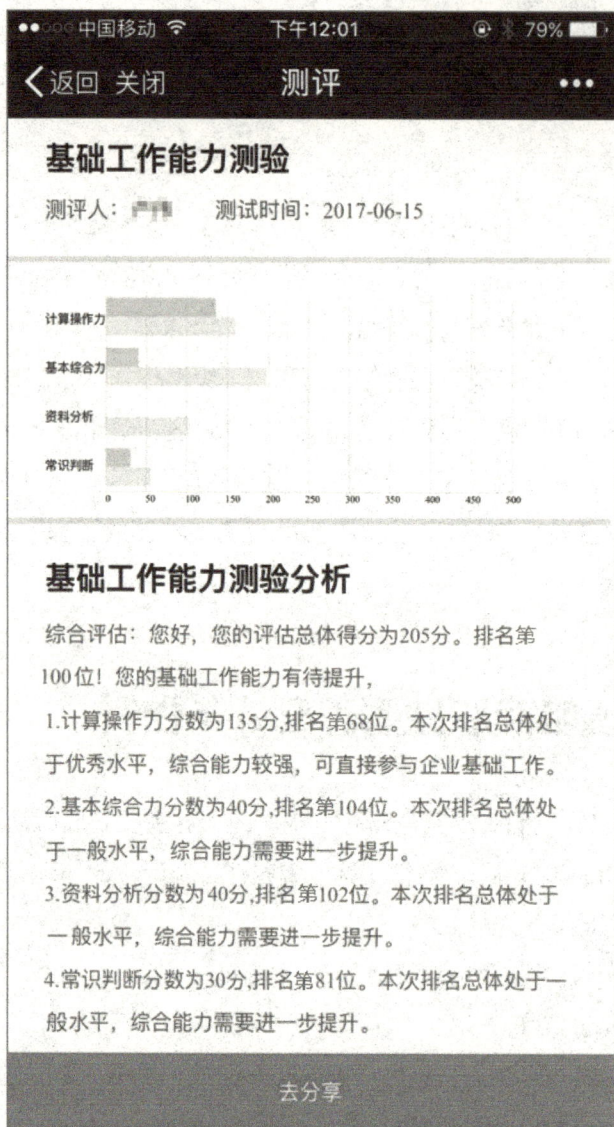

图3-2 基础工作能力测验结果

本套测评结果会给出各测评分项的得分进度条，直观地展示被测评者的长处和短板，其结果分析如下。

- 综合评估：对所测评的结果进行总体说明，计算测评总分、总排名。
- 计算操作力：主要是数据分析能力，有分数、排名和相关技能解说。
- 基本综合力：有分数、排名和相关技能解说。
- 资料分析：主要是问题解决的能力，有分数、排名和相关内容解说。
- 常识判断：主要是针对行业素养分析，有分数、排名和相关内容解说。

3.2.2 跨境电商岗位素养提升

针对测评的结果，选择自己得分较低的项进行提升，可以总体列出一个提升进度表，示例如表3-1所示。然后根据单项的提升方式，制订计划进行学习，争取在下次测评时得到高分。

表3-1 测评进度表

提升时间	一个月
提升目标	提升不超过3个项目
提升前分数	提升前测评的分数
具体计划	包含时间、任务、结果、学习内容等
监督人	监督人可以是上级、家人和朋友等

分项提升方法如下。

1. 成就动机素养提升方法

成就动机素养主要可从以下几个方面进行提升。

（1）仪表礼仪和着装

任何人都可以找到以貌取人的理由。别让外表损害和污染自己的精神面貌，让原本属于自己的机会擦肩而过。更何况，服装仪容能使人获得自信。这里所讲的着装，主要是指职业装，即工作服装。一般公司对员工的着装没有要求，但作为一个职场人，一定要了解正式的职业装，以便在日后的工作场合中可以穿着得体。以男士职业装为例，其着装要求如下。

① 衬衫。

穿西装应穿长袖衬衣，不要穿短袖衬衫。衬衣最好不要过旧，领头一定要挺括，外露部分要保持平整干净。衬衣下摆掖在裤子里，领子不要翻在西装外，衣袖的长度通常要伸出外套衣袖约一英寸。

② 领带。

领带被称为西装的灵魂，领带的面料以真丝为最优。领带的颜色一般与衣服颜色搭配一致或形成鲜明对比。除宝蓝色西服外，黑色领带几乎可以同任何颜色的西装搭配。

一般来说，黑西装、白衬衫，应选择灰色、蓝色、绿色领带；灰西装、白衬衫，宜选灰色、绿色、黄色领带；深蓝色西装，白色或明亮的蓝色衬衫，可以选择蓝色、灰色、黄色领带。领带花纹很多，最常见的是斜条图案的领带。

穿短袖衬衫不用打领带。如果穿毛衣或毛背心，应将领带下部放在毛衣内。最好不要打"一拉得"领带。领带的长度要适当，以达到皮带下缘为宜。系领带时，衬衣的第一个纽扣要扣好。

③ 西装上衣。

西服扣子：4粒扣子的西服扣中间两粒扣子或都不扣；3粒扣子的西服扣上面两粒扣子或只扣中间一粒或都不扣；2粒扣子的西服扣上面第1粒扣子或都不扣；1粒扣子的西服可选择扣或不扣。

西服上衣口袋只作装饰，不要放东西，必要时只装折好的花式手帕。一般地，深色西服宜配浅色手帕，而浅色西服宜用深色手帕，广泛使用的是白色手帕。西服左胸内侧衣袋，可以装名片、香烟、打火机等。

④ 西服裤子。

裤管不要太长，站立起来裤脚前面不能碰到鞋面，后面垂直遮住1厘米的鞋帮就可以了。裤兜不宜放物，以求美观，裤子后兜可以装手帕、零用钱等。

⑤ 袜子。

男士穿袜子要注意长度、颜色和质地，长度要高及小腿上部，太短的袜子穿起来松松垮垮，坐下来稍不留意就会露出皮肉，这是不符合礼仪规范的；袜子的颜色以单一色调为好，穿彩条、带图案的袜子都不太合适，颜色要比西装稍深一些，千万不要穿白色或透明的袜子，挑选袜子时，可以选择黑色、棕色或藏青色，应保证袜子颜色与长裤颜色相配或相近。

⑥ 皮鞋。

男士在正式的场合要穿制式皮鞋。制式皮鞋是指系带的黑皮鞋，跟部是直角的。

⑦ 饰物。

皮带。皮带质地有皮革（包括羊皮、牛皮、鹿皮）的、塑料的、金属的及人造革的。皮带头有金属板扣和嵌式扣。皮带颜色与裤子颜色搭配时可采用同一色、类似色和对比色。一般来说，黑色皮带可以配任何服装。

皮夹与名片夹。皮夹是男士重要的随身物品，如果经济实力强，可以购买好的皮料、好的品牌。颜色可选含有华贵之感的暗咖啡色和黑色。皮夹中不宜塞满东西。名片夹用于装自己的名片和他人给予的名片，以皮制的最好。

手表与笔。手表、金笔和打火机在西方被称为男士三大配料，被认为是身份的象征。在国外，一般不戴电子表、潜水表或卡通表去参加宴会、谈判等正式场合。男士最好戴机械表，款式简单。至于手表是否是名牌并不重要，但一定要做工精、款式雅、走时准。表可以戴在左手，也可以戴在右手，但以左手居多。

公文包。如果参加公务活动需要随身携带一个公文包。公文包的颜色质地以深褐色或棕色为最佳，不要选用发光发亮、印满广告或图案的公文包。公文包中，应准备好钢笔、记事本或散页的记事便笺、电话本、计算器，以便随时随手记下他人的电话号码和其他信息。

眼镜。选择眼镜时，要充分考虑自己的身材、脸型和肤色。个子不高的人不宜戴深色、宽边的大眼镜，因为它会给人造成压抑感和沉重感；身材清瘦的人戴浅色、细边框的眼镜较合适。

（2）工作计划和汇报

工作计划和汇报是公司工作的基本元素，每天都会用，就像每天都要用腿脚走路一样。因此，"学会如何走路"是新人工作的第一步，这里分为工作计划和工作汇报两部分来讲解。

很多人为自己的工作计划而头疼，其实工作计划并不难写，只要掌握一定的流程，有切实的工作经验，就能写出很好的工作计划。

① 工作职责。

对于自己的工作职责一定要有全面的了解，这是完成好工作计划的前提，只有知道自己要做的事情，你的工作计划才有方向感，才有含金量。

② 工作目标。

自己在岗位上要取得哪些突破，自己给自己定的工作目标是什么……这些都需要一一梳理，只有把目标确定下来了，才会很好地去努力完成它们。

③ 工作任务。

自己在工作岗位上每天要完成哪些任务，要做好哪些事情……就是你的日常工作任务，这在你的工作计划中一定要有所体现。

④ 成绩与不足。

总结过去的经验，特别是你在岗位上取得了哪些成绩，还有哪些不足，这两个方面一定要清楚，以便你在你的工作计划中明确哪些方面是需要继续保持的，哪些方面是需要改变的。

⑤ 时间与步骤。

一个好的工作计划一定有很强的执行力，这个计划一定会被细分成很多的模块，这里就有很细的时间段、很细的步骤，这些步骤与时间紧紧地联系在一起，这就是工作计划中的时间与步骤。

⑥ 执行。

一个工作计划一定是可以执行的，关于执行一定要说清楚，如有没有相应的检测手段，这是让工作计划可执行的关键。另外，个人的工作计划应该与公司的发展计划相搭配，这也是一个非常重要的。

⑦ 工作汇报。

无论是职员，还是分管领导，除了脚踏实地做好业务工作外，还需要具备向领导汇报工作的能力。汇报工作就是将阶段性完成的工作全面、准确、客观地向领导做总结性报告。汇报工作也是一门技术活，工作汇报得好，不仅能够给领导留下业务能力强的良好印象，而且能够提升自己的语言表达能力，让你在职场上走得更远。具体步骤如下。

• 高度重视汇报工作。

在汇报工作前，首先要明确汇报工作是你分内的重要责任，态度要端正，不能应付差事。因为领导需要从汇报中了解某项工作的实际开展情况，或者工作中存在的瓶颈问题，这些会对判断工作全局产生重要影响，因此职员必须高度重视汇报工作的重要性，汇报前认真准备。

• 要准确把握汇报工作的时机。

领导交办的业务，一定不能拖拖拉拉，要做到今日事今日毕。在开展工作的过程中，要注意记录工作进展情况、存在的问题和成果经验等。不能等领导来询问工作，要在工作完成后及时向领导汇报，注重工作的主动性和实效性。对于长期性工作，要阶段性地及时总结汇报，便于领导安排下一步工作计划。

• 要在汇报中突出工作重点。

汇报工作并不是事无巨细地向领导描述工作开展的过程，关键是要突出重点，反映问题和总结经验。在汇报工作时，要注意把握轻重缓急，对于当下最重要、领导关注度最高的工作，要优先并且详细地汇报清楚；对于一些日常性工作，要高度概括总结，讲出特色，不要千篇一律。在汇报中处理好宏观和微观这两个层面的问题，会令汇报的效果更好。

• 要在汇报中理清讲话思路。

要想提高语言表达能力需要持续不断的努力。尽管你的语言不华丽、内容很平实，但只要条理清晰，描述清楚，也能够提升汇报质量。在汇报中，要清楚汇报内容，对于一项工作，最好概括出第一、第二、第三这样的明确性语言来表达清楚，不能想到哪里说哪里，避免表达混乱无序。

• 要在汇报中敢于表达观点。

认真按时地完成业务工作，是职员的本职所在。但为什么有些人更能得到领导的认可和赏识？成功的关键在于他有自己的想法和观点。当然，这些想法和观点要站在工作全局的角度来提出，不能以个人意志想当然地提想法。在汇报工作时，对于工作的经验成果要总结出自己的特色，这样才能够让领导有眼前一亮之感，从而大大提升你的印象分。

● 注意控制自己的语速语调。

汇报工作时，不能因为自己的工作任务重、事情多而表现出抱怨情绪。要注意放缓语速，在汇报重点工作时要适当提高音量强调，在说出问题时要表达诚恳，在阐述个人观点时要谦虚有礼。在汇报工作中控制好自己的语速语调，能让聆听者有备受尊重的感受，更加便于汇报者和聆听者之间沟通交流。

2. 跨文化素养提升方法

跨文化素养是业务开发必不可少的素养，提升跨文化素养通常有以下几个技巧。

（1）专心致志，心无旁骛

要想快，首先要专。脑子里只有学习这一件事，效率才高。在了解其他文化时，一定要专心，这样花集中的1～6小时就能够快速学习到一定的基础知识，包括国家或地区的地理基本数据、产业分布、人文景观、主要历史人物、城市、产业分布、人口等。

（2）带着问题找答案

漫无目的的学习，效率是很低的，而且十分容易倦怠。就好比从头开始翻一本字典，翻不了几页就会厌倦，因为你没有目的性；但是如果你想要知道某个字、词的意思，而去查字典，这个过程就有意义得多。平时要多注意积累，总结自己不知道的他国（地区）文化知识。学习时，带着问题找答案，有目的地学，才能学得快。

（3）牢固掌握基础知识

整个知识体系像一棵大树，由主干分出很多树枝，进而再分出很多树叶。每片叶子的营养都来自主干，所以主干一定要健康稳固。学习也是这样的，基础知识、基本功一定要扎实，这样学习纷杂的叶子知识点时，才能迅速获取到主干的营养，从而长得更加枝繁叶茂。

（4）借助朋友的帮助

学习是新知识的获取，有时靠自己的能力无法拓展知识的新领域，这就需要借助朋友的帮助。

老师也可以有效地起到提点、指引的作用，常常能让人豁然开朗，比自己琢磨要高效得多。

另外你的主要资源也包括你的上级，因为上级一般与你同处于一个工作环境和背景，也许他早已经掌握这个国家或地区的文化的基本要求，也许已经在这个方面吃过亏，所以一定要请教他们。

（5）学以致用

学习不是为了纸上谈兵，终究是为了用到实战中。如果能够在学习中尝试着把知识付诸实践，就会起到事半功倍的效果。

将目标市场的跨文化和市场、客户关联，不断找机会应用，包括培训新员工讲课的内容、内部分享、他人在开发市场方面给予的建议，在与客户开会时，都可直接拿来作为与客户聊天的内容。

3. 沟通协调素养的提升方法

要提升沟通协调素养可学习乔哈里视窗。乔哈里视窗（Johari Window）是一种关于沟通的技巧和理论，也被称为"自我意识的发现—反馈模型"。这个理论最初是由乔瑟夫·勒夫（Joseph Luft）和哈里·英格拉姆（Harry Ingram）在20世纪50年代提出的。这一理论指出，人与人之间沟通交流的信息有情感、经验、观点、态度、技能、目的、动机等。主体的这些信息往往和其所在的组织有一定的联系。

乔哈里视窗将人的内心世界比作一个窗子，窗子分为：公开区、隐藏区、盲点区、未知区（也称封闭区）4个区域，如图3-3所示。

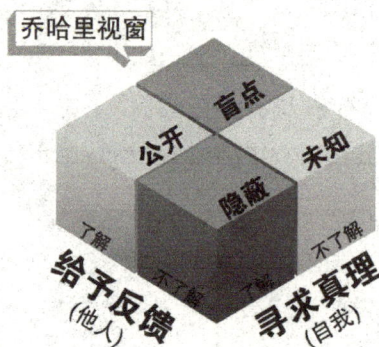

图3-3　乔哈里视窗

（1）公开区（Open Area）

公开区指自己知道、别人也知道的信息，如你的名字、发色，以及你有一只宠物狗的事实。人与人之间交往的目的就是扩大公开区，实现这一目的的主要做法是提高个人信息的曝光率、主动征求反馈意见等。

（2）盲点区（Blind Spot）

盲点区指自己不知道、别人却知道的盲点，如你的某些处事方式，别人对你的一些感受等。

（3）隐蔽区（Hidden Area）

隐蔽区指自己知道、别人不知道的秘密，如你的秘密、希望、心愿，以及你的好恶。

（4）未知区（Unknown Area）

未知区指自己和别人都不知道的信息。未知区是尚待挖掘的黑洞，它对其他区域有潜在影响。

真正而有效的沟通只能在公开区内进行，因为在此区域内，双方交流的信息是可以共享的，沟通的效果会令双方满意。但在现实中，很多沟通者彼此都不太了解，很无奈地进入了未知区，沟通的效果可想而知。

为了获得理想的沟通效果，就要通过提高个人信息曝光率、主动征求反馈意见等手段，不断扩大自己的公开区，增强信息的真实度、透明度。在沟通的策略上，可以在隐藏区内选择一个沟通双方都容易接受的点来交流，这个点叫"策略信息开放点"。当双方的交流进行了一段时间后，"策略信息开放点"会慢慢向公开区延伸，从而逐渐放大公开区。需要注意的是，选择"策略信息开放点"时要避免过于私人的问题，如心理健康、严重的过失等。

在每次沟通之前，我们应该想一想我的乔哈里视窗的每个象限都有哪些内容、有哪些"策略信息开放点"，以便达到更好的沟通效果。沟通完成之后，应该反思我和对方沟通时，有没有较好地进入双方的公开区，还是痛苦地在彼此的未知区挣扎，以不断提高沟通水平。

例如，南方李锦记在企业中很好地应用了乔哈里视窗理论。在南方李锦记，公司的各级领导，包括总经理、副总经理、总监、部门主管都会开一个会，在这个会议上不谈工作，有30%的时间用来玩。在玩的过程中，大家互相介绍自己的背景，从自己的出生开始介绍，介绍自己的人生历程、自己的坎坷，甚至梦想。经过了几次背景介绍后，管理团队之间的相互理解明显增进了，友谊也增进了。不仅如此，南方李锦记在员工有效沟通的基础上，建立了开诚布公的企业文化，加强了员工的凝聚力。

4. 信息技术素养提升方法

信息技术素养是对各种信息技术的理解和活用的能力，即对信息的获取、理解、分析、加工、处理、传递能力。要提升信息技术素养可参考以下几个方面。

（1）掌握各类搜索引擎

搜索引擎按工作方式主要分为三种，分别是全文搜索引擎、目录索引搜索引擎和元搜索引擎。

① 全文搜索引擎。

全文搜索引擎是"名副其实"的搜索引擎，国外具代表性的有Google、AllTheWeb、altavista、Inktomi等，国内著名的有百度（Baidu）。它们都是从互联网上提取各个网站的信息（以网页文字为主），建立数据库，检索与用户查询条件匹配的相关记录，然后按一定的排列顺序将结果返回给用户，因此它们是真正意义上的搜索引擎。

常见的国内外搜索引擎如图3-4所示。

图3-4　常见的国内外搜索引擎

② 目录索引搜索引擎。

目录索引搜索引擎虽然有搜索功能，但在严格意义上算不上是真正的搜索引擎，它们仅仅是按目录分类的网站链接列表而已。用户完全可以不用查询关键词（Keywords），仅靠分类目录找到需要的信息。目录索引中最具代表性的莫过于大名鼎鼎的Yahoo（雅虎），其他著名的还有Open Directory Project（DMOZ）、Looksmart、About等，国内的搜狐、新浪、网易搜索也都属于这一类，如图3-5所示。

图3-5　常见的国内外目录索引

③ 元搜索引擎。

元搜索引擎在接受用户查询请求时，同时在其他多个引擎上搜索，并将结果返回给用户。著名的元搜索引擎有InfoSpace、Dogpile、Vivisimo等，中文元搜索引擎中具代表性的有搜星搜索引擎。

究竟哪种搜索引擎能够为我们所用呢？为方便大家查阅，本书作者结合平常的经验列出表3-2所示的搜索平台供读者参考。（Overture虽为全文搜索引擎，但由于搜索结果排名靠前的都是付费商业网站，且这些网站的排列与全文搜索引擎的工作原理无关。）

（2）著名搜索引擎简介

① 英文目录索引。

Yahoo：著名的目录索引搜索引擎开山鼻祖之一。

Ask Jeeves：著名的自然语言搜索引擎，2002年年初收购Teoma全文搜索引擎。

Looksmart：点击付费索引目录，2002年收购WiseNut全文搜索引擎。

About：有其自身特色的目录索引。

表3-2 搜索平台

搜索目标	英文搜索引擎	中文搜索引擎
一般资料	Google	Google、百度
资料涉及非常冷僻的领域	AllTheWeb	
特殊资料（其他主要引擎都查不到时）	InfoSeek、Vivisimo等元搜索引擎	
产品或服务	Yahoo/Overture	搜狐、新浪（质量较高）、网易（较全）
古汉语（诗词）类资料	百度（个案显示这方面，百度有独到之处）	

② 英文搜索引擎。

Google：以搜索精度高、速度快成为受欢迎的搜索引擎，是目前搜索界的引领者。

AllTheWeb：总部位于挪威的搜索引擎后起之秀，风头直逼Google。

altavista：曾经的搜索引擎巨人，目前仍被认为是较好的搜索引擎之一。

Overture：较著名的搜索引擎广告商，竞价排名的先行者，也是全文搜索引擎。

Lycos：发源于西班牙的搜索引擎，网络遍布世界各地。

HotBot：搜索结果来自其他搜索引擎及目录索引。

③ 国内目录索引。

搜狐：国内三大门户网站之一，最早在国内推出搜索引擎收费服务。

新浪：最大的中文门户网站，同样也推出了搜索引擎收费服务。

网易：网易搜索拥有中国最大的开放式目录管理系统（ODP），为广大网民提供庞大的、高质量的检索数据。其目录由志愿管理员维护。

④ 国内搜索引擎。

百度（Baidu）：国内唯一商业化的全文搜索引擎，提供搜狐、新浪等站点的网页搜索服务。

（3）搜索技巧

① 使用多个搜索条件。

如果一个陌生人突然走近你，问你"北京"，你会怎样回答？大多数人会觉得莫名其妙，然后会再问这个人到底想问"北京"哪方面的事情。同样，如果你在搜索引擎中输入过少的关键字，它也会返回很多并不是你需要的结果。因此建议使用多个关键字查询的方法来减少搜索结果数。例如，想了解北京旅游方面的信息，就需输入"北京旅游"才能获取与北京旅游有关的信息。

在搜索时，给出两个关键词，并将这两个词用AND结合起来，或者给每个词加上加号，这种与逻辑技术大大缩小了命中范围，从而加快了搜索。一个带引号的词组意味着只有完全匹配该词组（包括空格）的网页才是要搜索的网页。

② 不要使用错误的搜索条件。

在搜索时，要避免一些搜索错误，这样才能返回更为有用的搜索结果。

很多搜索引擎都会屏蔽一些关键词，在正常的搜索中，要少使用这些词。在搜索框中输入这些词时，不会返回正确的搜索结果。这些词就被称作"Stop words"。为什么搜索引擎会屏蔽这些词？这是因为这些词本身缺乏实际意义或者使用过于广泛，大都是副词、连词之类的，一旦用来搜索的话，会返回大量无用的搜索结果，甚至导致搜索引擎错误。哪些词属于"Stop words"呢？英语中300个最常用单词中的绝大部分都属于这类词。实际上在Google搜索引擎中，输入"Stop words"时，它会告诉你输入了不合适的关键词（可以在Google中输入Web进行尝试）。

③ 不使用过于通俗简单的词语。

大多数搜索引擎在处理太简单通俗的词语方面都有问题。这不是因为搜索引擎"清高"或是"自大"，而是取决于它的搜索机制——基于关键词检索。如果使用过于通俗简单的词语，由于这类词网上相关信息的数量是巨大的，搜索引擎就会返回过多的搜索结果，导致很难查到有用的信息。

例如，想查找有关降雨量方面的信息，虽然这属于天气方面的，但如果输入的是"天气"，就会返回大量与天气有关的信息，使结果中充斥大量无关的信息，但如果直接输入"降雨量"，就会获得比较满意的结果。

④ 要注意一词多意的问题。

很多词具有一词多意的特性，如"笔记本"，可以指用来指手写的本子，现在也作为笔记本电脑的简称。遇到这类词，可能需要在搜索框中输入尽量减少歧义的词语，如直接输入"笔记本电脑"。

（4）正确的搜索方式

① 在点击之前要思考。

成功的搜索等式为：正确的提问产生准确有用的结果。但是在返回的搜索结果中究竟哪个是令人真正满意的，在单击结果链接之前，你仍然需要思考决定。需要比较排序位置、网址链接、文字说明等来分析，这就需要了解各种搜索引擎的排序方式。

② 直接到信息源查找。

有时搜索词组太精确或者一个词组无法准确表达所需信息，就可以不用搜索引擎，直接到提供某种信息的组织的站点。很多时候可以用"www.组织名.com"来猜测某一组织的站点。如果猜不中，再用搜索引擎。

例如，要找Dell公司现有附件的说明书，直接去站点"www.dell.com"，想知道Oracle公司有什么新闻，试一试"www.oracle.com"，然后去新闻栏看一看。有时人们在搜索引擎中得到很多无用信息，却忘了试一试这种方法。这种方法还可用于其他搜索目的，并不一定与公司有关，政府机构、职业协会、教育机构也可以提供很好的信息资源。

③ 养成良好有效的搜索习惯。

搜索技巧和其他技术一样，都是在不断练习中总结与成熟起来的。因此必须不断练习、不断总结。通过练习总结，可以形成自己的一套有效的搜索习惯，这将有助于更快地完成搜索。

④ 向搜索高手学习搜索技巧。

学习搜索除了自己不断地从搜索中摸索经验之外，向搜索高手学习绝对是快速掌握搜索技巧的捷径。可以通过订阅搜索杂志、加入搜索论坛向高手请教等多种方式达成这个目标。相信很快你也可以成为搜索高手。

⑤ 不要放弃。

经常会有这样的事情发生：你似乎已经用了全力来搜索，但是依然没有找到需要的答案。这时，请不要放弃，认真回顾检查你的搜索方法，也许只是一个小差错，纠正过来就会找到有用的结果。

综合本节的学习方法，跨境电商人员在进行学习的过程中要依据自身的总体情况制订改进计划，还要针对不同素养的学习方法，逐步进行改进，如此才能更快地提升自己的能力。

本章小结

本章主要讲述如何全面提升跨境电商从业人员的职业素养，内容包括跨境电商的四大职业素养和专业的职业测评工具，通过测试，将跨境电商从业人员内心的自己测评出来，之后通过系统的素养提升方法来提升能力，使其整体达到跨境电商职业素养要求的目标。

巩固练习

一、判断题

1. 成就动机素养从业人员能把工作做好，改进创新，并付出追求高标准的具体行动的能力。（　　）

2. 沟通协调素养是指妥善处理与上级、平级以及下级之间的关系，促成相互理解，获得支持与配合的能力。（　　）

3. 信息技术素养包括能够判断什么时候需要信息，并且懂得如何获取信息，如何评价和有效利用所需的信息。（　　）

二、单选题

1. 国内的搜索引擎不包括（　　）。

    A. 搜狐　　　　　　B. 新浪　　　　C. 网易搜索　　D. 京东

2. 成就动机素养分为（　　）级。

    A. 2　　　　　　　B. 3　　　　　　C. 4　　　　　　D. 5

三、多选题

1. 乔哈里视窗理论将人的内心世界比作一个窗子，它包括哪几个区域？（　　）

    A. 公开区　　　　　B. 隐藏区　　　C. 盲点区　　　D. 未知区

2. 搜索引擎按其工作方式主要可分为哪几种？（　　）

    A. 全文搜索引擎　　B. 目录索引搜索引擎　C. 元搜索引擎

3. 跨境电商职业素养包含哪几个？（　　）

    A. 跨文化素养　　　　　　　　　B. 信息技术素养

    C. 成就动机素养　　　　　　　　D. 沟通协调素养

四、简答题

1. 如何看待公司要求每周写计划和总结这件事？

2. 如何提升自己的诚信品质？

3. 结合自身情况制订提升信息技术素养的计划。

第4章

跨境电商基础知识

本章知识结构

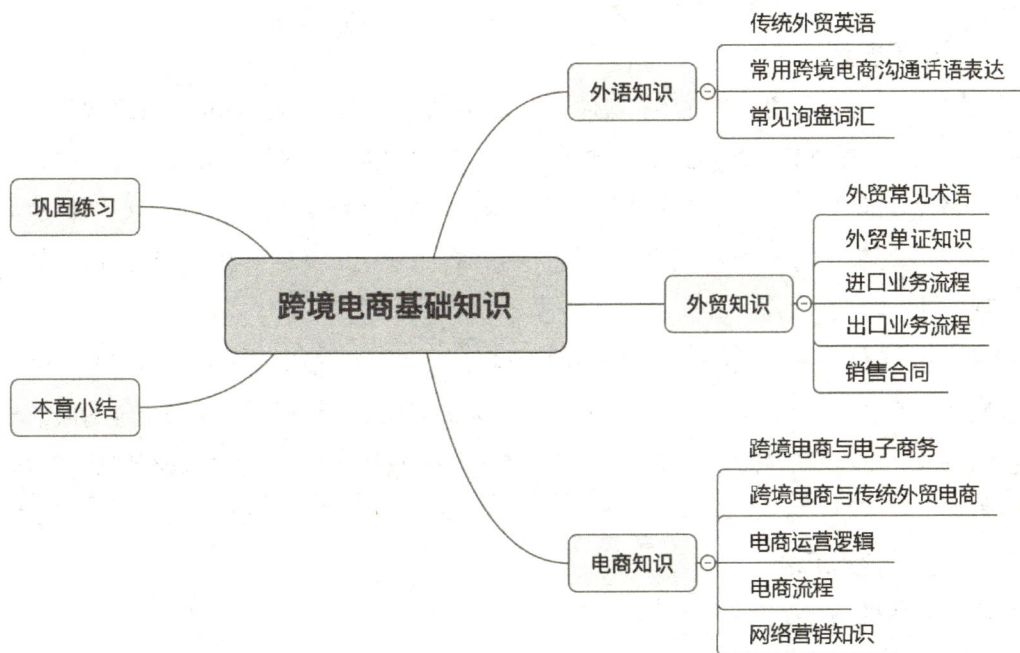

- 跨境电商基础知识
  - 巩固练习
  - 本章小结
  - 外语知识
    - 传统外贸英语
    - 常用跨境电商沟通话语表达
    - 常见询盘词汇
  - 外贸知识
    - 外贸常见术语
    - 外贸单证知识
    - 进口业务流程
    - 出口业务流程
    - 销售合同
  - 电商知识
    - 跨境电商与电子商务
    - 跨境电商与传统外贸电商
    - 电商运营逻辑
    - 电商流程
    - 网络营销知识

本章主要讲述了跨境电商行业的基础知识，包括外语知识、外贸知识和电商知识。需要明白的是，这3个部分是跨境电商从业人员建立对岗位立体认识和做好跨境电商工作的基础，这3个部分相互独立，但是互为基础，缺一不可。本章的学习方式以背诵和记忆为主，所讲内容是岗位实践的抽象提炼，学习起来较为枯燥，但是非常有用。

4.1 外语知识

外语知识对跨境电商从业人员来讲格外重要，跨境电商从业人员要不断地学习外语，才能更好地与客户交流沟通，更方便地开展业务。与跨境电商人员相关的外语知识包括传统外贸英语、常用跨境电商沟通话语表述和常见询盘词汇。

4.1.1 传统外贸英语

传统外贸英语是跨境电商从业人员必备的英语基础知识，掌握一定的传统外贸英语知识，有助于更好地开展跨境电商业务。

1. 传统贸易

传统贸易是包含商品的生产、流通、结算所进行的全部活动的总称。传统的跨境贸易主要由一国的进出口商通过另一国的进出口商，进出口大批量货物，然后通过国内流通企业多级分销，至少要跨越出口国国内工厂、出口国国内贸易商、目的国进口商、目的国分销商、目的国零售商五个渠道，才能到达有需求的企业或消费者手中，其进出口环节多，时间长，成本高。

贸易的主体贸易公司主要进行商品的买与卖，贸易公司最重要的是信息和业务渠道，要有货源和销售目标，并产生一定的利润。贸易公司根据市场规则，收集市场的需求与供应，合理进行资源配置来满足客户的需求，其自身也通过资源配置从中获得商业利润与商业信誉。

2. 传统外贸英语

（1）询盘

① Heavy enquiries witness the quality of our products.

大量询盘证明我们产品质量过硬。

② As soon as the price picks up, enquiries will revive.

一旦价格回升，询盘将恢复活跃。

③ Enquiries for carpets are getting more numerous.

对地毯的询盘日益增加。

④ Enquiries are so large that we can only allot you 200 cases.

询盘太多，我们只能分给你们200箱货。

⑤ Enquiries are dwindling.

询盘正在减少。

⑥ Enquiries are dried up.

询盘正在绝迹。

⑦ They promised to transfer their future enquiries to Chinese Corporations.

他们答应将以后的询盘转给中国公司。

⑧ Generally speaking, enquiries are made by the buyers.

总的来说，询盘一般由买方发出。

⑨ We regret that the goods you enquire about are not available.

很遗憾，你们所询的货物现在无货。

⑩ In the import and export business, we often make enquiries at foreign suppliers.

在进出口交易中，我们常向外商询盘。

⑪ We cannot take care of your enquiry at present.

我们现在无力顾及你方的询盘。

⑫ Your enquiry is too vague.

你们的询盘不明确。

⑬ Now that we've already made an enquiry about your articles, will you please reply as soon as possible?

我们已经就你们的产品向你方询盘，可否尽快给予答复？

⑭ Thank you for your enquiry.

谢谢你们的询价。

（2）报盘和还盘

① We have the offer ready for you.

我们已经为你准备好报盘了。

② Please make us a cable offer.

请来电报盘。

③ We are in a position to offer tea from stock.

我们现在可以报茶叶现货。

④ We'll try our best to get a bid from the buyers.

我们一定尽力获得买主的递价。

⑤ We'll let you have the official offer next Monday.

我们下星期一就给您正式报盘。

⑥ I'm waiting for your offer.

我正等您的报价。

⑦ We have accepted your firm offer.

我们已收到了你们报的实盘。

⑧ We'll let you have our firm offer next Sunday.

我们会在下星期日向你们发实盘。

⑨ Could you offer us F.O.B. prices.

你能给我提供离岸价格吗?

⑩ Our offers are for 3 days.

我们报盘的有效期只有3天。

⑪ We have extended the offer as per as your request.

我们已按你方要求将报盘延期。

⑫ The offer holds good until 5 o'clock p.m. 23nd of June, 2017, Beijing time.

报价有效期到北京时间2017年6月23日下午5点。

⑬ All prices in the price lists are subject to our confirmation.

报价单中所有价格以我方确认为准。

（3）价格

① Business is closed at this price.

交易就按此价敲定。

② Your price is inacceptable (unacceptable).

你方价格可以（不可以）接受。

③ Your price is feasible (infeasible).

你方价格可行（不可行）。

④ Your price is workable.

你方出价可行。

⑤ Your price is realistic (unrealistic).

你方价格合乎实际（不现实）。

⑥ Your price is reasonable (unreasonable).

你方价格合理（不合理）。

⑦ Your price is practicable (impracticable).

你方价格行得通（行不通）。

⑧ Your price is attractive (unattraltive).

你方价格有吸引力（无吸引力）。

⑨ Your price is inducing (not inducing).

你方价格有吸引力（无吸引力）。

⑩ Your price is convincing (not convincing).

你方价格有吸引力（无吸引力）。

⑪ Your price is competitive (not competitive).

你方价格有吸引力（无吸引力）。

（4）接待客户常用的商务英语

① Excuse me. Are you Susan Davis from Western Electronics?

对不起，你是来自西方电子公司的苏姗·戴卫斯吗?

② Yes，I am. And you must be Mr.Takeshita.

是的，我就是。你一定是竹下先生吧。

③ Pardon me. Are you Ralph Meyers from National Fixtures?

对不起，请问你是从国家装置公司来的雷夫·梅耶史先生吗?

④ I'm Dennis. I am here to meet you today.

我是丹尼斯。今天我到这里来见你。

⑤ I'm Donald. We met the last time you visited Beijing.

我是唐纳德。上次你来北京时见过面。

⑥ I'm Edwin. I'll take you to your hotel.

我是爱德温。我带你去旅馆。

⑦ How was your flight? Was it comfortable?

你坐的班机怎么样? 还舒服吗?

⑧ It was quite good. But it was awfully long.

班机很好。就是时间太长了。

⑨ Did you have a good flight?

你旅途愉快吗？

⑩ Not really I'm afraid. The flight delayed and we encountered bad weather.

不太好，起飞延误了，还遭遇了恶劣的气候。

⑪ How was your flight?

你的航班怎样？

⑫ Did you get any sleep on the plane?

你在飞机上睡觉了吗？

⑬ Mr. Wagner, have you book a hotel?

华格纳先生，你预订了旅馆吗？

⑭ No, I haven't. Will it be a problem?

不，我没有。会有困难吗？

⑮ I don't think so. I know several convenient hotels, Let me make some calls.

我认为没有，我知道有几家便利旅馆，让我打几个电话。

⑯ I've made a reservation at the hotel you used last time.

我已预订了你上次住过的旅馆。

⑰ I've booked a Western-style room for you.

我已为你订了一间西式的房间。

⑱ Let's go to the station to get a train into town.

让我们到火车站去乘车进城吧。

⑲ How long is it from here to Beijing?

从这里去北京要多久？

⑳ It's about an hour.

大概要一小时。

㉑ There's a shuttle bus we can use.

我们可搭乘机场班车。

㉒ I've brought my car so I can drive you to your hotel.

我开车来的，我可以开车送您到您的旅馆。

3．如何处理好和海外客户的关系

（1）妥善安排会面的约定

当你计划到海外出差去拜访客户时，必须先以书信通知对方。出差以前再以传真、邮件或电话向对方确认访问的日期和目的。即使是临时决定的拜访，也要通过对方的秘书联系他："I'd like to make an appointment with Mr. Lee."（我想和李先生约见一次。）让对方对你的造访有所准备，这样他才会更好地与你洽谈。

（2）向沟通对象表示善意与欢迎

如果沟通是由你发起的，你应向对方提供一切方便，这样能使沟通从一开始便在友善和谐的气氛下进行。尤其是当你的沟通对象远道而来的时候，你热心地告知他："I will arrange everything."（我会安排一切。）这样做不但能表现出你的诚意，也能使他在不必顾虑食宿等琐事的情况下专心与你沟通。

（3）适时承认自己的过失

如果你明显地犯了错，并且对别人造成了或大或小的伤害，一句充满歉意的"I'm sorry. It's my fault."（对不起，是我的错。）通常能够获得对方的原谅。就算他实在很懊恼，也能稍微缓和一下情绪，做无谓的辩解只能火上浇油扩大事端。

（4）资料须充实完备

具体的物品通常比口头描述更有说服力。当客户听到你说"We have a pamphlet in English."（有英文的小册子。）或"Please take this as a sample."（请将这个拿去当样品。）时，一定会兴趣大增，进而问你许多和产品有关的问题。如果你平时资料搜集得很全面，就能做到有问必答。这在商务沟通上是非常有利的。

（5）缓和紧张的气氛

当会议因冗长而陷于沉闷、紧张的气氛时，无意义的僵持是无法获得令人满意的结果的。如果能在不打断对方的情形下提出"How about a break?"（休息一下如何？）对方必会欣然接受，紧张的气氛也立刻得以缓解。当你们再回到会议桌时，也能以清晰的思路继续沟通。

4.1.2 常用跨境电商沟通话语表述

跨境电商业务的开展是需要沟通的，所以懂得地道的外贸沟通话语将能很好地促进业务顺利开展。跨境电商是指分属于不同关境的交易主体，通过电子商务平台达成交易、进行支付结算，并通过跨境物流送达商品、完成交易的一种国际商业活动。跨境贸易电商化突破了传统国际贸易的地理因素限制，实现了无国界贸易，使企业能直接面对全球消费者。在跨境贸易电子商务中，贸易双方可以即时交流信息，无论实际距离远近，一方发送信息，另一方接收信息几乎是同时的，下单、付款都在瞬间完成。跨境电商省去了传统跨境贸易的很多中间环节，降低了从事跨境贸易的门槛，使得国际贸易变得简化、透明，同时节约了交易成本，缩短了运营周期，为广大中小企业直接提供了面向境外买家的营销渠道。

跨境电商英语在包裹状态物流信息查询、跨境电商专业术语方面应用非常关键。因此，跨境电商从业人员需掌握一定的这些方面的英语。

1．包裹状态物流信息查询

邮政包裹常见的状态有以下几种。

包裹查无信息：Not Found（包裹还未上网，官网未更新）。

包裹正在运输中：Transit（包裹还在运输中）。

包裹到达待取：PickUp（包裹已经到达目的地国家或地区）。

包裹投递成功：Delivered（包裹显示投妥，而收件人声称未收到）。

包裹运输过久：Expired（大部分为时效延误/目的地国家或地区不能查到投妥/官网不更新状态等）。

包裹可能异常：Alert（大部分为退件或海关单号、损坏、丢失等问题）。

2．跨境电商专业术语

B2B模式：Business to Business（企业对企业），如阿里巴巴、生意宝（网盛科技）、慧聪网。

B2C模式：Business to Customer（企业对个人），如京东、当当、凡客、时尚起义、走秀网。

C2C模式：Customer to Customer（个人对个人），如eBay、淘宝、拍拍、易趣。

BMC模式：Business Medium Customer（企业消费客户），率先集量贩式经营、连锁经营、人际网络、金融、传统电子商务（B2B、B2C、C2C、C2B等传统电子商务）模式优点于一身，解决了B2B、B2C、C2C、C2B等传统电子商务模式的发展瓶颈，如太平洋直购网。

B2B2C：是一种电子商务类型的网络购物商业模式，B是Business的简称，C是Customer的简称，第一个B是指商品或服务的供应商，第二个B是指从事电子商务的企业，C则表示消费者。B2B2C以Amazon为代表。

O2O：Online to Offline（团购模式），以团宝网、美团网、高朋网为代表。

C2A：Consumer to Administrations（消费者对行政机构），是指政府对个人的电子商务活动。

B2A：Business to Administrations（商业机构对行政机构），是指企业与政府机构之间进行的电子商务活动。

4.1.3　常见询盘词汇

询盘是跨境电商活动中非常基础的业务工作，跨境外语知识中的外贸询盘单词是最基础的知识，只有熟知了外贸询盘单词的含义，才能进行更高层次的学习，进而更好地从事跨境电商的工作。常用的询盘单词如下。

enquire　询盘，询价，询购

enquire about　对……询价

make an enquiry　发出询盘

enquirer　询价者

enquiry　询盘

enquiry sheet　询价单

specific enquiry　具体询盘

an occasional enquiry　偶尔询盘

keep enquiry in mind　记住询盘

offer　报盘，报价

offer for　对……报价

make an offer for　对……报盘（报价）

firm offer　实盘

non-firm offer　虚盘

forward an offer (send an offer)　寄送报盘

get an offer (obtain an offer)　获得……报盘

cable an offer (telegraph an offer)　电报（进行）报价

offer and acceptance by post　通过邮政报价及接受

accept an offer　接受报盘

entertain an offer　考虑报盘

give an offer to　给……报盘

submit an offer　提交报盘

official offer　正式报价（报盘）

price　价格，定价，开价

priced　已标价的，有定价的

pricing　定价，标价

priced catalogue　定价目录

price of commodities　物价

pricing cost　定价成本

price card　价格目录

pricing method　定价方法

price list　定价政策，价格目录，价格单

pricing policy　定价政策

price format　价格目录，价格表

price tag　价格标签，标价条

price current　市价表

ceiling price　高价，顶价

maximum price　最高价

minimum price　最低价

average price　平均价格

base price　底价

rockbottom price　最低价

bedrock price　最低价

询盘的常用表述方法如下。

Heavy enquiries witness the quality of our products.

大量的询盘信息证明产品质量过硬。

As soon as the price picks up，enquiries will revive.

一旦价格回升，询盘将恢复活跃。

Enquiries for carpets are getting more numerous.

对地毯的询盘数量有所增加。

Dear buyer：

We have got your order of 1000 carpets，but it seems that the order is still unpaid，if there is anything I can help you with the price，size and anything else. Please contact me at anytime. After the payment is confirmed，I will process the order and effect the shipment as soon as possible. Thanks for your order and look forward to your reply.

亲爱的买家：

已经收到您的1000个地毯的订单，但此订单似乎未完成付款，如果在价格和尺寸等问题上有什么需要帮助的，请随时联系我。当确定付款完成后，我方将立即备货并发货。谢

谢您的订单并期待您的回复。

4.2 外贸知识

外贸知识是从事跨境电商业务必备的知识。下面从外贸常见术语、外贸单证知识、进口业务流程、出口业务流程和销售合同5方面介绍外贸知识。

4.2.1 外贸常见术语

为了便于理解，《2000年国际贸易术语解释通则》将所有术语按照其不同含义及首字母分为4组不同的基本类型，其要点如下。

1. 第一组"E"组

"E"组术语指卖方仅在自己的所在地（或其他指定地点）为买方备妥货物（发货）。这组术语只有"ExWorks（...named place）"，即"工厂交货（……指定地点）"。它是指当卖方在其所在地或其他指定的地点（如工场、工厂或仓库）将货物交给买方处置时，即完成交货，卖方不负责办理出口清关手续或将货物装上任何运输工具。买方必须承担在卖方所在地受领货物的全部费用和风险。采用这种条件成交时，卖方的风险、责任、费用都是最小的。

2. 第二组"F"组

"F"组（主要运费未付）包括FCA、FAS和FOB，指卖方需将货物交至买方指定的承运人。

（1）FCA

FCA的英文全拼为"Free Carrier（...named place）"，即"货物交承运人（……指定地点）"。它指卖方负责将要移交的货物办理出关后，在指定的地点交付给买方指定的承运人照管。根据商业惯例，当卖方被买方要求与承运人通过签订合同协作时，在买方承担风险和费用的情况下，卖方可以照买方要求办理。FCA适用于任何运输方式。按照《2000年国际贸易术语解释通则》规定，若双方约定的交货地点是卖方所在地，卖方负责把货物装上买方指定的承运人的运输工具即可，若交货地是其他地点，卖方在自己的运输工具上完成交货，无需卸货。

（2）FAS

FAS的英文全拼为"Free Alongside Ship（...named port of shipment）"，即"船边交

货（……指定装运港）"。它指卖方在指定的装运港码头或驳船上把货物交至船边，从这时起，买方须承担货物丢失或损坏的全部费用和风险，另外卖方须办理出口结关手续。FAS适用于海运或内河运输。按照《2000年国际贸易术语解释通则》规定，办理货物出口报关的风险、责任、费用由买方承担。

（3）FOB

FOB的英文全拼为"Free On Board（...named port of shipment）"，即"船上交货（……指定装运港）"。它指卖方必须在合同规定的日期或期间内，在指定装运港将货物交至买方指定的船上，并承担货物安全交至船甲板上之前的一切费用和货物丢失或损坏的风险。货过船舷后，买方须承担货物的全部费用、风险，另外，货物的出口结关手续由卖方办理。FOB适用于海运或内河运输。

3. 第三组"C"组

"C"组术语（主要运费已付）包括CFR、CIF、CPT和CIP，指卖方负责订立运输合同支付主要运费，但对货物丢失或损坏的风险以及装船和启运后发生意外所产生的额外费用，卖方不承担责任。

（1）CFR

CFR的英文全拼为"Cost and Freight（...named port of destination）"，即"成本加运费（……指定目的港）"。它指卖方必须支付把货物运至指定目的港所需的开支和运费，但从货物交至船上甲板后，货物的风险、损失以及发生事故后造成的额外开支，在货物越过指定港的船舷后，就转向由买方负担，货物的出口结关手续由卖方办理。CFR适用于海运或内河运输。

（2）CIF

CIF的英文全拼为"Cost、Insurance and Freight（...named port of destination）"，即"成本、保险费加运费（……指定目的港）"。它指卖方除负有与CFR相同的义务外，还须办理货物在运输途中应由买方承担的货物丢失或损坏的海运保险并支付保险费。CIF适用于海运或内河运输。

CIF与CFR的区别如下。

CIF要由卖方办理保险，支付保险费，并向买方转让保险单；CFR则由买方自行投保并支付保险费。CIF的保险是容易引起争议的问题。因为按照CIF，卖方虽然负责投保并支付保险费，但从货物在装运港越过船舷起，风险就由卖方转移到由买方承担，卖方对运输中的货物已经不再拥有可保权益，卖方实际上是为了买方的利益而投保。因此投保什么险别、如何确定保险金额，应事先在合同中约定，否则容易在货物遭受损失时因得不到应有的赔偿而引起纠纷。

（3）CPT

CPT的英文全拼为"Carriage Paid to（...named place of destination）"，即"运费付至（……指定目的地）"。CPT是指卖方支付货物运至指定目的地的运费。关于货物丢失或损坏的风险以及货物交至承运人后发生事件所产生的任何额外费用，自货物交付给承运人照管之时起，从卖方转由买方承担。另外，卖方须办理货物出口的结关手续。CPT适用于各种运输方式，包括多式联运。

CPT与CFR的区别如下。

① CPT是卖方负责安排把货物运至指定目的地，并付运费，但货物在运输途中丢失或者损坏的风险以及货物交给第一承运人后发生的任何额外费用，均由买方承担。但在CFR术语下，卖方完成交货是在约定的装运港越过船舷时，而不是将货物交给第一承运人。

② CPT可适用于任何运输方式，而CFR仅适用于海洋和内河运输。

（4）CIP

CIP的英文全拼为"Carriage and Insurance Paid to （...named place of destination）"，即"运费及保险费付至（……指定目的地）"。它指卖方除负有与CPT相同的义务外，卖方还须办理货物在运输途中应由买方承担的关于货物丢失或损坏风险的海运保险，并支付保险费。CIP适用于任何运输方式。

4. 第四组 "D"组

"D"组术语（货到）包括DAF、DES、DEQ、DDU和DDP，指卖方须承担把货物交至目的国家或地区所需的全部费用和风险。

（1）DAF

DAF是主要适用于通过铁路或公路运输的货物，也可用于其他运输方式。DAF的英文全拼为"Delivered at Frontier （...named place）"，即"边境交货（……指定地点）"。它指卖方承担如下义务：将备妥的货物运至边境上的指定地点，办理货物出口结关手续，在海关关境前交货。

（2）DES

DES的英文全拼为"Delivered Ex Ship （...named port of destination）"，即"目的港船上交货（……指定目的港）"。它指卖方履行如下义务：把备妥的货物，在指定目的港的船甲板上不办理货物进口结关手续的情况下，交给买方，故卖方须承担包括货物运至指定目的港的所有费用与风险。DES适用于水上运输方式及最后一程为水上运输的多式联运方式。

（3）DEQ

DEQ的英文全拼为"Delivered Ex Quay (Duty Paid)（...named port of destination）"，即"目的港码头交货（……指定目的港）"。卖方义务如下：支付运费，在规定时间内将货物运至目的港，承担卸货的责任和费用，并在目的港码头将货物置于买方处置之下，卖方承担在目的港码头将货物置于买方处置下之前的风险和费用。办理货物进口报关的责任、费用、风险由买方承担。DEQ适用于水上运输和多式联运。

（4）DDU

DDU的英文全拼为"Delivered Duty Unpaid（...named place of destination）"，即"未完税交货（……指定目的地）"。它指卖方将备好的货物，在进口国或地区指定的地点交付，而且卖方须承担货物运至指定地点的一切费用和风险（不包括关税、捐税及进口时应支付的其他官方费用），另外须承担办理海关手续的费用和风险。买方须承担因未能及时办理货物进口结关而引起的额外费用和风险。DDU适用于各种运输方式。

（5）DDP

DDP的英文全拼为"Delivered Duty Paid（...named place of destination）"，即"完税后交货（……指定目的地）"。它是指卖方将备好的货物在进口国或地区指定地点交付，而且承担将货物运至指定地点的一切费用和风险，并办理进口结关。DDP可适用于各种运输方式。

将上面的4组共13个术语进行归纳总结，如表4-1所示。

表4-1　贸易术语比较

英文及缩写	中文全称	交货地点	风险划分	出口报关	进口报关	适用运输公式	标价注明
EXW（Ex Works）	工厂交货	卖方处所	买方接管货物后	买方	买方	各种运输方式	指定地点
FCA（Free Carrier）	货交承运人	合同规定的出口国家或地区的内地、港口	承运人接管货物后	卖方	买方	同上	同上
FAS（Free Alongside Ship）	船边交货	装运港船边	货交船边后	卖方	买方	海运，内河运输	装运港名称
FOB（Free on Board）	船上交货	装运港船上	货物越过装运港船舷	卖方	买方	同上	同上
CFR（Cost and Freight）	成本加运费	同上	同上	卖方	买方	同上	目的港名称

续表

英文及缩写	中文全称	交货地点	风险划分	出口报关	进口报关	适用运输公式	标价注明
CIF（Cost、Insurance and Freight）	成本、保险费加运费	同上	同上	卖方	买方	同上	同上
CPT（Carriage Paid To）	运费付至	合同规定的出口国家或地区的内地港口	承运人接管货物后	卖方	买方	各种运输方式	目的地名称
CIP（Carriage and Insurance Paid to）	运费及保险费付至	同上	同上	卖方	买方	同上	同上
DAF（Delivered at Frontier）	边境交货	边境指定地	买方接管货物后	卖方	买方	多用于陆运方式	边境指定地点
DES（Delivered Ex Ship）	目的港船上交货	目的港船上	买方在船上收货后	卖方	买方	海运、内河运输及目的港船上交货的多联运式	目的港名称
DEQ（Delivered Ex Quay）	目的港码头交货	目的港码头	买方在目的港收货后	卖方	买方	同上	同上
DDU（Delivered Duty Unpaid）	未完税交货	进口国家或地区的指定地	买方在指定地收货后	卖方	买方	任何运输方式	目的地名称
DDP（Delivered Duty Paid）	完税后交货	同上	同上	卖方	卖方	同上	同上

4.2.2 外贸单证知识

1. 托运单（Booking Note）

托运单俗称"下货纸"，是托运人根据贸易合同和信用证条款内容填制的，向承运人或其代理人办理货物托运的单证。承运人根据托运单内容，并结合船舶的航线、挂靠港、船期和舱位等条件考虑，认为合适后，即接受托运。

2. 装货单（Shipping Order）

装货单是接受了托运人提出装运申请的船公司，签发给托运人，以命令船长将承运的货物装船的单据。装货单既可用作装船依据，又是货主向海关办理出口货物申报手续的主要单据之一，所以装货单又称"关单"。对托运人而言，装货单是办妥货物托运的证明；对船公司或其代理而言，装货单是通知船方接受装运该批货物的指示文件。

3. 收货单（Mates Receipt）

收货单又称大副收据，是船舶收到货物的收据及货物已经装船的凭证。船上大副根据理货人员在理货单上签注的日期、件数及舱位，与装货单核对后，签署收货单。托运人凭大副签署过的大副收据，向承运人或其代理人换取已装船提单。

由于上述三份单据的主要项目基本一致，我国一些主要口岸的做法是将托运单、装货单、收货单、运费通知单等合在一起，制成一份多达9联的单据。各联作用如下：第一联由订舱人留底，用于缮制船务单证；第二联、第三联为运费通知联，其中一联留存，另一联随账单向托运人托收运费；第四联装货单经海关加盖放行章后，船方才能收货装船；第五联收货单及第六联由配舱人留底；第七联、第八联为配舱回单；第九联是缴纳出口货物港务费申请书。货物装船完毕后，港区凭此单向托运人收取港杂费。

4. 外贸提单（Bill of Lading）

外贸提单是运输部门承运货物时签发给发货人的一种凭证。收货人凭提单向货运目的地的运输部门提货。提单须经承运人或船方签字后始能生效，是海运货物向海关报关的有效单证之一。提单的种类非常多，常见的提单种类有以下22种。

（1）已装船提单（On Board or Shipped B/L）：指承运人向托运人签发的货物已经装船的提单。

（2）收货待运提单或待运提单（Receivced for Shipping B/L）：指承运人虽已收到货物但尚未装船时签发的提单。

（3）直达提单（Direct B/L）：指货物自装货港装船后，中途不经换船直接驶到卸货港卸货而签发的提单。

（4）联运提单或称转船提单（Throught B/L）：指承运人在装货港签发的中途得以转船运输而至目的港的提单。

（5）多式联运提单（MT B/L）：指货物由海上、内河、铁路、公路、航空等两种或多种运输方式联合运输而签的适用于全程运输的提单。

（6）班轮提单（Liner B/L）：班轮是在一定的航线上按照公布的时间表，在规定的港口间连续从事货运的船舶，班轮可分定线定期和定线不定期两种，班轮提单是指由班轮公司承运货物后签发给托运人的提单。

（7）租船合约提单（Charter Party B/L）：指在租船运输业务中，在货物装船后由船长或船东根据租船合同签发的提单。

（8）记名提单（Straight B/L）：只有提单上指名的收货人，才可以提货的提单，一般不具备流通性。

（9）指示提单（Order B/L）：通常有未列名指示（仅写"Order"），列名指示（"Order of ××"，指"凭××指标"）。此种提单通过指示人背书后可以转让。

（10）不记名提单（Blank B/L或Open B/L）：提单内没有任何收货人或"Order"字样，即提单的任何持有人都有权提货。

（11）清洁提单（Clean B/L）：货物交运表面情况良好时，承运人签发提单时未加任何货损、包装不良或其他有碍结汇的批注。

（12）不清洁提单（Foul B/L）：货物交运时，其包装及表面状态出现不完整等情况，船方进行了批注，即为不清洁提单。

（13）包裹提单（Parcel Receipt或Non-Negotiable Receipt）：适用于少量货物、行李或样品等。

（14）最低运费提单或称起码提单（Minimum B/L）：运费未到运价规定的最低额，而按规定的最低运费计收。

（15）并提单（Omnibus B/L）或拼装提单（Combine B/L）：不同批数的货物合并在一份提单上，或不同批数的相同液体货装在一个油舱内，签发几份提单时，前者叫并提单，后者叫拼装提单。

（16）分提单（Separate B/L）：一批货物，即同一装货单的货物，可根据托运人的要求分列2套或2套以上的提单。

（17）过期提单（Stale B/L）：出口商向银行交单结汇的日期与装船开航的日期距离过久，以致无法于船到目的地以前送达目的港收货人的提单，银行一般不接受这种提单。

（18）交换提单（Switch B/L）：又称转换提单，指凭原提单换发的另一套提单。在直达运输的条件下，应托运人的要求，承运人承诺，在某一约定的中途港凭在启运港签发的提单另换发一套以该中途港为启运港的提单。

（19）倒签提单（Ante-Dated B/L）：承运人应托运人的要求在货物装船后，填写的提单签发的日期早于实际装船完毕日期的提单。

（20）预借提单（Advanced B/L）：因信用证规定装运期和交单结汇期已到，货主因故未能及时备妥货物或尚未装船完毕，或由于船公司的原因船舶未能在装运期内到港装船的，应托运人要求而由承运人或其代理人提前签发的已装船提单。

（21）舱面提单或甲板货提单（On Deck B/L）：指货物装载于船舶露天甲板，并注明"甲板上"字样的提单。

（22）货运提单（House B/L）：由货运代理人签发的提单，货运提单往往是货物从内陆运出，并运至内陆时签发的。这种提单从技术上和严格的法律意义上说，是缺乏提单效力的。

5．装货清单（Loding List）

装货清单是承运人根据装货单留底，将全船待装货物按目的港和货物性质归类，依航次、靠港顺序排列编制的装货单汇总清单，其内容包括装货单编号、货名、件数、包装形式、毛重、估计尺码及特种货物对装运的要求或注意事项的说明等。装货清单是船上大副编制配载计划的主要依据，又是现场理货人员理货，港方安排驳运、进出库场，以及承运人掌握情况的业务单据。

6．舱单（Manifest）

舱单是按照货港逐票罗列全船载运货物的汇总清单。它是在货物装船完毕之后，由船公司根据收货单或提单编制的。其主要内容包括货物详细情况，如装卸港、提单号、船名、托运人和收货人姓名、标记号码等，此单可作为船舶运载所列货物的证明。

7．货物积载图（Cargo Plan）

货物积载图是按货物实际装舱情况编制的舱图。它是船方进行货物运输、保管和卸货工作的参考资料，也是卸港据以理货、安排泊位、货物进舱的文件。

8．提货单（Delivery Order）

提货单是收货人凭正本提单或副本提单随同有效的担保向承运人或其代理人换取的、可向港口装卸部门提取货物的凭证。

4.2.3　进口业务流程

做跨境电商的人员需要了解进出口业务流程，具体的进口业务流程如图4-1所示，共有19道程序。

图中序号含义如下。

（1）市场调查。

（2）进口商向出口商询价。

（3）进口商收到出口商报价。

（4）对出口商进行信用调查。

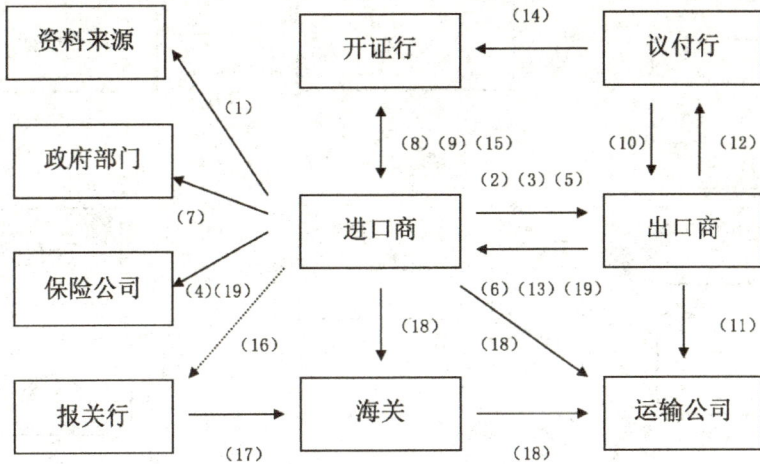

图4-1　进口流程

（5）进口商还价。

（6）签订交易合同。

（7）办理进口许可证。

（8）办理购汇并申请开立信用证。

（9）开证行开出信用证。

（10）议付行通知出口商。

（11）出口商办理装船事宜。

（12）出口商交单议付。

（13）出口商发来装船通知。

（14）议付行向开证行转单托收。

（15）开证行通知进口商付款赎单。

（16）进口商向报关行交办进口报关事宜。

（17）进口报关。

（18）会同有关单位提货。

（19）解决纠纷。

4.2.4　出口业务流程

出口业务的常见流程如图4-2所示，包括22道程序。

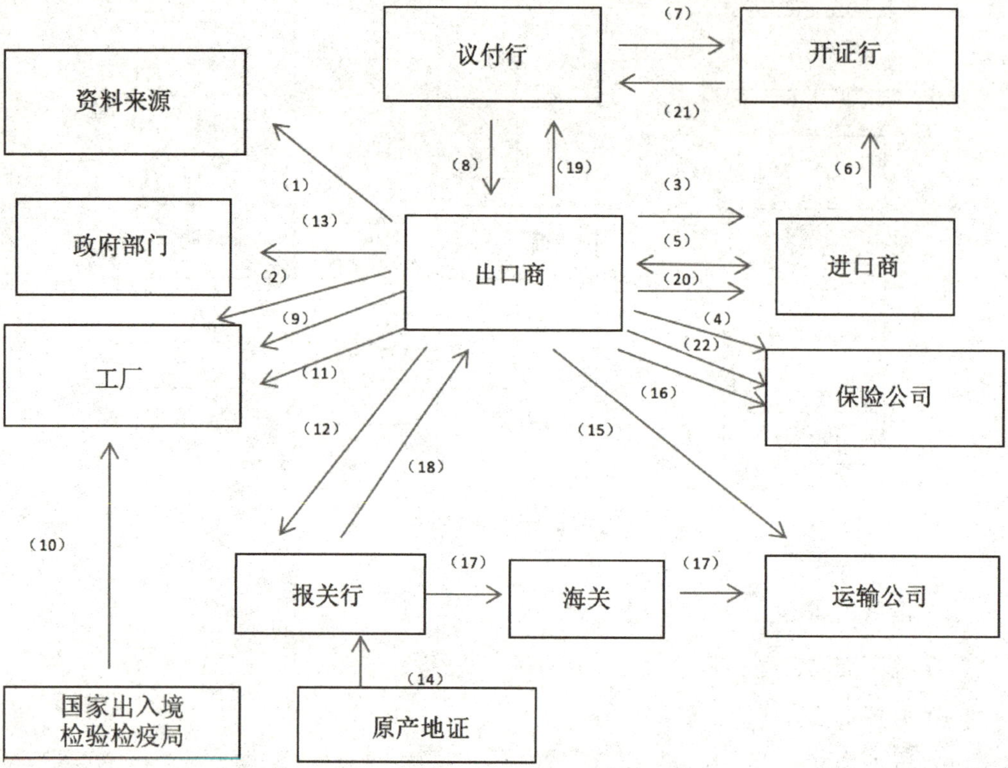

图4-2　出口流程

图中序号含义如下。

（1）市场调查。

（2）向工厂取得报价。

（3）向进口商报价。

（4）对进口商进行信用调查。

（5）签订销售合同。

（6）进口商申请开立信用证。

（7）开立信用证。

（8）议付行通知出口商。

（9）出口商向工厂订货。

（10）货物经国家出入境检验检疫局检验。

（11）准备货物及出货通知。

（12）出口商向报关行交办报关事宜。

（13）出口许可证。

（14）办理原产地证。

（15）租船订舱。

（16）投保。

（17）出口报关、验关放行。

（18）报关行交回单。

（19）交单议付。

（20）装船通知。

（21）银行结算。

（22）解决纠纷。

4.2.5　销售合同

国际贸易中的销售合同包括以下内容。

1. 合同的主体与标的

合同的主体即指具有缔约能力的合同当事人。自然人、法人及依法成立的其他非法人组织，都可以称为合同当事人。交易双方签约时，要注意合同的主体资格，并订好合同当事人条款，这有利于双方履行合同和解决合同争议。

合同的标的是合同法律关系的客体，是合同当事人权利与义务共同指向的对象，它体现合同当事人订立合同的目的与要求。国际货物买卖的标的是有形的商品，而成交的商品有其具体的名称，并表现为一定的质量；每笔交易的标的，都有一定的数量，且大多数标的物需要有适当的包装。因此，交易双方签约时，应具体订明成交的商品名称、质量、数量与包装条款，以利履行合同。

2. 国际货物运输

国际货物运输是国际贸易中不可缺少的一个重要环节。国际货物运输方式很多，具有线长、面广、中间环节多、时间性强、情况复杂多变、风险较大等特点，因此，合理选择与运用运输方式、订好合同中的装运条款和正确缮制与运用有关装运单据，有利于按时、按质、按量完成货物运输和顺利履行合同。

3. 国际货物运输保险

在国际货物运输过程中，可能遇到各种类型的风险，货主为了转嫁风险，通常都要办理货物运输保险。有关货物运输保险事宜，交易双方应在洽商交易时谈妥，并在买卖合同中订明，以利于有关当事人办理货物运输的保险和对应可能出现的保险索赔事宜。为了定好进出口合同中的保险条款和正确处理有关进出口货物运输保险事宜，凡从事国际贸易的人员，都必须掌握国际货物运输保险方面的基本知识。

4. 进出口商品的价格

在国际货物贸易中，如何确定成交价格和约定合同中的价格条款，是买卖双方都极为关心的重要问题，这是因为，成交价格的高低和作价方法的差异，直接关系买卖双方的经济利益。加之，价格条款及其使用的贸易术语与合同中的其他交易条件密切相关，有着不可分割的内在联系。价格条款是合同中的核心条款，在约定价格条件时，要同时考虑与价格有关的其他交易条件。由此可见，正确掌握价格情况、订好合同中的价格条款，具有十分重要的意义。

5. 国际货款的收付

国际货款的收付远比国内货款结算复杂。这主要是因为收付双方使用的货币不同，同时，还涉及不同国家或地区的政策、国际惯例和银行习惯等。在国际贸易中，货款的收付直接影响双方资金周转和融通，以及各种金融风险和费用，关系到买卖双方的利益和得失。

6. 进出口商品检验

进出口商品检验是随着国际货物买卖的发展而产生和发展起来的，它在国际货物买卖中占有十分重要的地位。在国际货物买卖中，由于交易双方身处异地，相距遥远，货物在长途运输过程中难免会发生残损、短少甚至丢失等问题，尤其是在凭单证交接货物的象征性交货条件下，买卖双方对所交货物的品质、数量等问题更易产生争议。因此，为了便于查明货损原因、确定责任归属，以利于货物交接和交易顺利进行，就需要有一个公正的第三方，即商品检验机构，对货物进行检验。由此可见，进出口商品检验是国际货物买卖中不可缺少的重要环节，做好进出口商品检验工作并在国际货物买卖中约定好商品检验条款，有着非常重要的意义。

7. 争议的预防与处理

在国际货物贸易中，买卖双方商订合同，往往需要一段较长的时间。在此期间，由于市场情况变化多端，金融货币市场波动不定等，致使商品价格和汇率瞬息万变。加之国际贸易线长、面广，中间环节多，一旦生产、加工、收购、运输和资金供应等任何一个环节发生意外，或市场行情发生对一方当事人不利的变化时，就有可能出现一方当事人违约或拒不履约的情况，使另一方当事人蒙受损失，从而导致索赔事件发生，甚至引起贸易纠纷。所以在国际货物买卖合同中，有必要事先约定异议与索赔条款。

4.3 电商知识

跨境电商不同于传统的外贸业务，由于其将业务大部分转至网络平台进行操作，所以需要从业人员具备相应的电商知识，包括跨境电商与电子商务、跨境电商与传统外贸电商、电商运营逻辑、电商流程和网络营销。

4.3.1 跨境电商与电子商务

电子商务是一个大的范围，跨境电商是其中的一部分，为了更好地了解跨境电商，从业人员需要分别了解电子商务和跨境电商，然后找到两者之间的差别和共同点，并在其中找到有利于更好地开展跨境电商业务的相关知识。

1. 电子商务

电子商务（Electronic Commerce，E-Commerce）在实践中经常有不同的含义。因此，可以把电子商务分成狭义的电子商务和广义的电子商务。

狭义的电子商务是指通过互联网寻找商机并完成交易的行为，如网上采购、网上支付、网上拍卖和网上订阅等。

广义的电子商务是指通过现代信息技术手段从事各种商务活动的行为，不仅包括产品和服务的买卖，还包括客户的服务、商业伙伴间的合作、网上学习和企业内部的电子交易等。

从以上的相关概念能够看到狭义的电子商务强调的是网上交易过程，而广义的电子商务则更为广泛，包括了所有用网络实现的各种商业活动。

实际上电子商务涉及电子数据处理、网络数据传输、数据交换和资金汇兑等技术；在企业的电子商务系统内部有导购、订货、付款、交易与安全等有机地联系在一起的各个子系统；在交易的进行过程中还有商品浏览和订货、销售处理和发货、资金支付和售后服务等环节。电子商务业务的开展由消费者、厂商、运输、报关、保险、商检和银行等不同参与者通过计算机网络组成一个复杂的网络结构，相互作用，相互依赖，协同处理，形成一个彼此密切联系的连接全社会的信息处理大环境。这个环境简化了商贸业务的手续，加快了业务开展的速度，最重要的是规范了整个商贸业务的发生、发展和结算过程，从根本上保证了电子商务的正常运作。

与传统商业方式相比，电子商务的特点如下。

① 电子商务将传统的商务流程电子化、数字化，一方面以电子流代替了实物流，可以减少大量人力、物力，降低成本；另一方面突破了时间和空间的限制，使得交易活动可

以在任何时间、任何地点进行，从而大大提高效率。互联网使得传统的空间概念发生变化，出现了有别于实际地理空间的虚拟空间或者虚拟社会，处于世界任何角落的个人、公司或机构都可以通过互联网紧密地联系在一起。虚拟社区、虚拟公司、虚拟政府、虚拟商场、虚拟大学或者虚拟研究所等的诞生，加速了人与人之间的信息共享、资源共享、智力共享。

② 电子商务具有的开放性和全球性的特点，为企业创造了更多的贸易机会。互联网跨越国界，穿越时空，无论你身处何地，无论白天与黑夜，只要利用网络，你就可以随心所欲地浏览信息，与你想交流的人面对面地沟通。

③ 电子商务使企业可以以相近的成本进入全球电子化市场，使得中小企业有可能拥有和大企业一样的信息资源，从而提高了中小企业的竞争能力。

④ 电子商务重新定义了传统的流通模式，减少了中间环节，使得生产者和消费者的直接交易成为可能，从而在一定程度上改变了整个社会经济运行的方式。

⑤ 电子商务一方面破除了时空的壁垒，另一方面又提供了丰富的信息资源，为各种社会经济要素的重新组合提供了更多的可能，这将影响到社会的经济布局和结构。21世纪是信息社会，信息就是财富，而信息传递速度的快慢对于商家而言可谓是生死攸关。互联网以其传递信息速度的快捷而备受商家青睐，可以说，北半球刚刚发生的事情，南半球的人们便可在十几分钟、几分钟，甚至几秒内通过上网获知。互联网真正使整个地球变成了一个"地球村"。

⑥ 通过互联网，商家之间可以直接交流、谈判、签合同，消费者也可以把自己的反馈建议反映给企业或商家，而企业或者商家则要根据消费者的反馈及时调查产品种类及服务品质，做到良性互动。

2. 跨境电商

跨境电商（Cross-Border E-Commerce）在实践中也有狭义和广义不同的理解。

狭义的跨境电商是指分属不同关境的交易主体，在互联网上以网络形式达成交易并完成支付、办理运输等一系列过程的商品交易活动。

广义的跨境电商是指分属不同关境的交易主体，通过电子商务手段从事各种商业活动行为。其具有以下几方面的特点。

① 交易双方分处不同的关境。

② 在互联网上以网络形式交易。

③ 在网上完成支付、办理运输等一系列业务流程。

④ 从事的是交易买卖活动。

跨境电商具有全球性、无形性、匿名性、即时性、无纸化、快速演进等特点。

按进出口方向，我国跨境电商分为出口跨境电商和进口跨境电商两种。其中，出口跨境电商占了9成左右，虽然进口跨境电商的数量相对较少，但是其增长的态势比较可观。

据监测数据显示，2016年中国跨境进口电商交易规模达到12 000亿元。在跨境进口电商平台市场占有率上，2016—2017年，在主流的跨境进口电商平台中，按整体交易额计算，网易考拉海购排名第一，市场占比为21.6%；天猫国际名列第二，市场占比为18.5%；唯品国际位于第三，市场占比为16.3%；排名第四的是京东全球购，市场占比为15.2%；排名第五的是聚美极速免税店，市场占比为12.4%；排名第六、第七的平台是小红书和洋码头，分别占6.5%以及5.1%；其他的跨境进口电商平台，包括宝贝格子、蜜芽、宝宝树等平台共占总市场份额的4.4%。目前跨境电商进口也形成了以下10种模式。

① 以天猫国际为代表的"保税进口+海外直邮"模式。

② 以苏宁海外购为代表的"自营+招商"模式。

③ 以京东海外购为代表的"自营而非纯平台"模式。

④ 以聚美海外购为代表的"直营+保税区"模式。

⑤ 以唯品会全球特卖为代表的"海外商品闪购+直购保税"模式。

⑥ 以Amazon海外购、1号海购和顺丰海淘为代表的"自营跨境B2C平台"模式。

⑦ 以洋码头为代表的"直销、直购、直邮"的"导购返利平台"模式。

⑧ 以蜜芽宝贝为代表的"垂直型自营跨境B2C平台"模式。

⑨ 以55海淘为代表的"直营+保税区"模式。

⑩ 以淘宝全球购、美国购物网为代表的"跨境C2C平台"模式。

由这些跨境电商进口模式可以发现，以海淘为代表的购物方式正在为越来越多的消费者所接受，进口跨境电商未来的份额占比也将稳步增长。

出口跨境电商按交易模式，又主要可以分为B2B（企业对企业）跨境电商、B2C（企业对消费者）跨境电商和C2C（消费者对消费者）三种。其中，B2B模式占主导地位，而B2C和C2C模式受到商品价值、地域、物流等限制，份额占比并不多。

在B2B模式下，企业在各大跨境电商贸易平台（如阿里巴巴、中国制造和环球资源）上发布广告和商品信息，以向境外客户发信以及参加境内外各大展销会的方式获取客户资源。原材料、半成品、一般日常消费品，甚至是技术、服务，均是B2B跨境电商的消费商品。营销推广协商工作主要集中在线上，成交和通关流程基本在线下完成。由于成交量大，运输过程往往需要很长的时间，运输一般通过海运，一单交易的时间跨度较大。B2B企业也纳入海关的一般贸易统计。

在B2C模式下，企业直接依靠跨境电商零售平台（如全球速卖通、Wish、eBay和Amazon）面对境外消费者发布商品，以销售个人消费品为主。B2C模式下的物流方式主要有邮政包裹、国际快递（DHL、TNT、FedEx和UPS）、国内快递（主要指EMS、顺丰和"四通一达"）、专线物流以及海外仓储。因此，B2C模式下的商品特征是：体积小、重量轻、商品附加值高。由于报关主体多是邮政或快递公司，目前，大多数B2C企业还未纳入海关登记。

3. 跨境电商与电子商务的对比

（1）跨境电商和电子商务的相同点

① 交易媒介和商品展示。

跨境电商和电子商务之间最大的相同点就是交易的媒介都是互联网。和一般的贸易形式不同，跨境电商和电子商务的交易过程基本都是通过互联网来实现的。作为目前最主流的媒体和平台，互联网的发展无疑给跨境电商和电子商务带来了越来越多的商机。电子商务平台的发展也逐步趋于细致化。从一站式购齐的淘宝、天猫到专门做服装的蘑菇街、专门做二手市场的闲鱼、专门做医药的1药网等应有尽有。

② 虚拟性。

除了交易的媒介相同之外，跨境电商和电子商务之间的另一个相同点就是无法提供实物，只能通过照片、视频等方式在互联网上向消费者展示商品，消费者无法对销售的商品或服务有直接、可上手的感触，呈现一定的虚拟性。

（2）跨境电商和电子商务的不同点

① 交易对象。

跨境电商与电子商务相比，最直接的区别在于贸易双方交易对象。跨境电商的贸易双方分属不同关境，这一点是一般电子商务不具备的。

② 贸易方式。

跨境电商和电子商务的贸易方式还是存在很大区别的。最直接的就是跨境电商一般分为进口和出口，进口和出口又可细分为B2B、B2C和C2C3种。而电子商务的贸易方式更加多样化，除了B2B、B2C、C2C这3种之外，还有B2M、M2C、O2O等多种贸易方式。

③ 消费者需求。

跨境电商和电子商务在消费者需求方面存在较大区别。首先，跨境电商的消费者需要跨关境消费，故而跨境电商的商品成本会比同在电商平台所推广的同类型商品更高，一般低廉无太大附加值，或者是购买量太小的商品在跨境电商平台并不占优势，消费者也没有非要通过跨境电商平台购买的必要。其次，跨境电商的商品大多需要通过国际物流运输，时间成本相较电子商务平台也更加高昂，少则三五天，多则几个月。由于商品的运输时间较长，因此，跨境电商的商品运输时间对跨境电商的发展起到了极大的制约作用。基于以上两点，跨境电商和电子商务在消费者的需求方面具有以下不同。

在跨境电商B2B模式下，境外消费者的商品需求量较大，且由于技术方面的限制，商品以原材料或半成品居多，劳动密集型产业的商品出口占了大多数。虽然也存在服务或技术型跨境电商从事B2B出口，但是数量较少。

跨境电商B2C模式受到物流方面的限制更严重。商品的体积和质量均不能太大。商品的附加值要高，商品价格和商品性能要在消费者消费的地区具有一定的竞争力。我国B2C出口以个人消费品居多，一般都是技术含量或商品附加值高的商品。

在跨境电商C2C模式下，不仅物流方面的限制较前两种更多，商品数量也十分有限。化妆品、奢侈品、一些好评度极高的本土高价值的商品更易受到境外消费者的喜爱和追捧。

相较跨境电商，电子商务的商品由于没有额外的各种费用，故而成本较低。加上目前物流业的迅猛发展、互联网的发展及消费者网购习惯的养成，电子商务平台上的商品甚至不再满足于多，而开始走专、精路线。销量较好、需求量大的产品开始慢慢衍生出自己的独立电商平台，以创造出自己的独特品牌效应。

④ 交易风险。

跨境电商和电子商务在交易风险上存在较大差异。

首先，虽然互联网平台的兴起给消费者带来了更多元化的选择，但是互联网在贸易的过程中，仍存在无实物、信息真实性难以得到保障等弊端。故而在电子商务和跨境电商交易的过程中，实物和平台的展示能否做到百分之百的一致就成了巨大的问题。

对于电子商务平台而言，由于针对C端的零售业务占到了整个行业的大多数，故而电子商务店铺中其他买家的意见及商家信誉度等级对消费者购买决策而言尤为重要。另外，一些电子商务平台在线下还设有实体店，消费者可以通过在实体店体验的方式对商品进行更直接的认知。而在跨境电商平台，如阿里巴巴国际站，虽然也有商家店铺星级，也开通了网上支付平台，但是由于交易双方采取传统线下支付的情况较多，很难调查买家满意度等。所以在跨境电商平台，买家意见难以达到电子商务平台那样的效果。但是，由于跨境电商在B2B模式下交易量大，成交周期长，所以交易双方通常为了谨慎，都会采取寄样的方式对交易商品达成共识。这一点则是电子商务平台难以实现的。

其次，电子商务平台现在的支付平台逐渐趋于完善，买卖双方的安全性有所保障。而跨境电商虽然也支持线上支付的交易方式，但是受到支付平台信誉度不足，以及传统线下支付习惯等方面的制约。而传统的线下支付又存在各种各样的危险隐患，很容易发生诈骗等交易风险。加上跨境交易过程中运输时间长，还需要经过海关审查，甚至可能造成财货皆失的后果，交易风险较大。

最后，一旦出现交易问题或纠纷，电子商务平台的交易时间短，商品即使出现质量问题，也能很快解决；交易量小，质量问题的影响不会太大，纠纷不会太严重。而跨境电商平台由于交易数量和交易金额都较大，需要走法律途径的案件较多。加上交易双方所处的关境不同，还需要根据交易双方的政策进行调解仲裁，调解仲裁的难度较大。

4.3.2 跨境电商与传统外贸电商

1. 外贸的定义

外贸是对外贸易的简称，是指一个国家与另一个国家之间进行的商品、劳务和技术的交换活动。随着互联网的兴起，外贸电商也开始出现。外贸企业开始利用电子商务手段进行产品销售，或者说协助产品销售、推广。

2. 跨境电商与传统外贸电商的对比

对比传统外贸电商和跨境电商，会发现以下几点不同。

首先，交易的地域范围有所变化。跨境电商将传统外贸的国家与国家变成了不同的关境之间，也从侧面强调和突出了边境以及关税壁垒在对外贸易当中的重要性。

其次，电子商务平台在整个贸易过程中的作用也发生了改变。

在外贸电商中，出口企业更多的是运用电商平台来推广和宣传产品及自身企业，并寻找有意向的买家，了解外商求购信息，电商平台是为信息而服务的。在跨境电商中，电商平台更多的是为了把商品直接销售给境外消费者，电商平台是为了企业商品而服务的。与外贸电商相比，跨境电商要求尽量减少或缩短各种环节，以尽量降低中间成本。在外贸电商中，交易都是在线下完成的，而跨境电商则开始利用支付信保平台，逐渐在线上直接完成交易。由于外贸电商仍属于传统的一般贸易，故而贸易过程中仍涉及复杂的关税、增值税、消费税以及出口退税等各种税费的计算和缴纳。在跨境电商时代，政府的扶持力度不断加强，各种保税区不断成立，各项税收的优惠也不断增加，很多跨境电商贸易甚至只涉及行邮税。

除了以上区别外，如果拿跨境电商和传统B2B、B2C的外贸电商模式对比，可以发现跨境电商和外贸电商在贸易上同样存在较大的差别。2016年12月5日，"国家电子商务示范城市"创建工作专家表示，在互联网环境下，国际贸易正发生着深刻的变革，跨境电商呈现出对外贸易不具备的五大新特征，即多边化、直接化、小批量、高频度、数字化。

（1）多边化

多边化是指跨境电商已由传统的双边贸易形式向多边形式发展。随着全球化进程的不断加剧,信息、产品、服务和资源都越来越无国界的限制和区别。科技的发展也带动了贸易、支付以及物流平台的跨境飞速发展。跨境电商贸易过程中的信息流、物流、资金流,都可以通过不同渠道为多方获取,真正达到多边贸易的形式,而不是传统的由多个双边贸易组成的"多边贸易"。

（2）直接化

直接化是指跨境电商通过电子商务交易与服务平台,实现多国（多地）企业之间、企业与最终消费者之间的直接交易。跨境电商交易与服务平台的使用,使得跨境电商出口的环节减少,时间缩短,省去了传统外贸出口后再进行多级分销的环节,降低了依靠线下平台寻找客户并销售产品模式的成本,提高了寻找客户以及成交的效率,让贸易直接面向境外企业和消费者。

（3）小批量

小批量是指跨境电商在"直接化"的影响下,由于直接对境外企业和消费者进行销售,所以单笔订单的量比起传统外贸B2B、B2C而言要小得多。跨境电商B2C的贸易甚至可以单件起售。外贸B2B业务的单笔交易具有金额大、长期稳定和订单多的特点,使外贸B2B业务在我国跨境电商领域一直以来都处于主导地位,但是由于各种原因,出口B2B的业务量难以维持原有水平,甚至有所下降。因此,小批量成为了跨境电商的新选择。

（4）高频度

高频度是指在"直接化"和"小批量"的影响下,跨境电商的企业、消费者减少了每笔订单的成交量,但是交易的周期也相对缩短,交易的频率提高。在商品价格波动的时期,消费者可以更好地根据购买价格,做出最优的选择。

（5）数字化

数字化是指随着互联网科技的不断进步、数字化产品的不断延伸和推广,无论是软件、影视作品、游戏,还是电子信息的服务,这些数字化产品都可以实现在线交易以及跨境使用。数字化产品通过跨境电商渠道进行销售或者消费的情况越来越多。

跨境电商之所以会呈现出这些新特征,与跨境电商的发展趋势是分不开的。目前,我国跨境电商行业呈现出交易规模不断扩大,占进出口贸易比重增加,发展态势良好,B2C模式逐渐兴起和扩大,国家政策的扶持力度大幅提高等趋势。但未来跨境电商具体将会如何发展,仍需要接受时间的考验。

3. 跨境电商的四大优势

跨境电商经过多年的发展,相比于传统的外贸业务,在当前利好的大环境形势下,总体来说,具备以下四大优势。

（1）市场广阔，现阶段竞争形势较为宽松

商务部公布的数据显示，2014年我国跨境电商交易额约为3.75万亿元，2015年达到4.8万亿元，2016年跨境电商交易规模则达到了6.7万亿元，同比增长39.58%。可见，跨境电商市场潜力巨大。而现阶段真正把跨境电商做大做强的企业还在少数，更多的企业还处于观望和摸索阶段。与传统外贸业竞争白热化的环境相比，跨境电商无疑是一片全新的广阔蓝海。

（2）降低进入全球市场的门槛，提高企业品牌知名度

将自己的商品销往全球，对于许多中小企业来说简直是一个遥不可及的梦想。如今，无论是什么规模的企业，都可以通过跨境电商在全球开店，让世界上的消费者都看到企业的商品，这不仅提高了企业品牌在全球的知名度，也带动了企业的影响力。

（3）直面境外消费者，运营成本低，利润空间大

在经历了2008年全球经济危机之后，传统外贸业市场规模开始不断下滑。传统的销售渠道越来越窄，推广费用却越来越高，每一笔订单的利润都被压缩，迫使许多外贸企业面临"没订单没钱赚，有订单也没钱赚"的尴尬境地。跨境电商首先减少了企业推广的费用。跨境电商的出现帮助企业减免了许多不必要的中间环节，由于企业可与消费者直接沟通，能更加了解消费者的诉求，在研发产品以及选品上架时也能拥有更准确的参考依据。

（4）国家不断出台扶持政策，跨境电商内部环境势态良好

2013年，国家层面对跨境电商的支持力度明显增大。最明显的是在2013年8月，国务院办公厅转发了商务部等部门联合制定的《关于实施支持跨境电子商务零售出口有关政策的意见》，主要目的是协调各部门，优化跨境产品的海关监管，提高通关速度，方便货物进出口。财政部和国家税务总局还颁布了《关于跨境电子商务零售出口税收政策的通知》，在税务政策上更加明确对跨境电商的支持。

另一个政策变化是国家批准的跨境电商试点城市明显增多。除了最先批准上海、重庆、杭州、宁波、郑州作为跨境贸易电商试点城市外，2013年又有一些城市陆续被纳入跨境贸易电商试点城市。义乌、厦门等城市也已经开始着力建设当地的跨境贸易电商平台、物流平台与支付平台。

综上所述，跨境电商的优势在传统外贸业逐渐低迷的今天呈现出了勃勃生机，跨境电商也将成为未来外贸行业的主流。

4.3.3 电商运营逻辑

1. 电商运营的商业模式

B2B（Business to Business）是电子商务按交易对象分类的一种模式，即商家（泛指

企业）对商家的电子商务。

B2C（Business to Customer）也是电子商务按交易对象分类的一种模式，表示商家对消费者的电子商务。这种形式的电子商务一般以网络零售业为主，主要借助于Internet开展在线销售活动。

C2C（Customer to Customer）的意思就是消费者与消费者之间的电子商务。例如，一个消费者有一台旧计算机，通过网上拍卖，把它卖给另外一个消费者，这种交易类型就称为C2C电子商务。

C2B（Customer to Business）是电子商务模式的一种，即消费者对企业的电子商务。最先由美国流行起来的C2B模式也是一个值得关注的模式。C2B模式的核心，是聚合数量庞大的消费者形成一个强大的采购集团，以此来改变B2C模式中消费者一对一出价的弱势地位，使消费者享受到以大批发商的价格买单件商品的利益。

电子商务商业模式也可按电子商务经营模式来分，包括直接销售模式、黄页模式、打折券模式、佣金模式、预定模式和市场模式。

2. 电商运营的基本逻辑

在当前火爆的电子商务时代，电子商务运营成为很多人谈论的话题，我们经常会听到很多做电商的人都会说自己流量不够，所给的产品价格都已经很低了，但是销量就是上不去，这是为什么呢？带着这个问题，接下来将会以B2C网站的运营为例，给大家提供一些不同的思路与想法。

众所周知，电商运营的三要素是流量、转化率和客单价。在目前电商普遍强调大数据以及用户体验的趋势下，运营的要点又有了新成员的加入，即基于精准营销的买家会员的结构等。实际上，我们在电商运营的过程中会逐渐发现，会员结构将会是始终贯穿运营三要素的因子，同时也是关乎这三个要素的运营质量的前提。接下来具体讲述电商运营的三要素。

（1）流量

流量的来源有很多，主要涉及流量的广度与精度的问题。流量的广度自然是越大越好，精度则是越精准越好。目前，站外获取流量的来源包含以下几个。

① 硬广。

硬广即硬广告，通常在报纸、杂志、电视、广播四大媒体上看到和听到的那些宣传产品的"纯广告"就是硬广告，主要包含门户网站弹窗、静态广告，线下的广告投放包括电视、报纸、广播、交通工具等传统媒体的投放等。此类推广方式成本高，流量曝光巨大，但是会带来很多垃圾流量。

② 软广。

软广即软广告，媒体刊登或广播的那些"新闻不像新闻，广告不像广告"的有偿形象稿件，以及企业各种类型的活动赞助被业界称为软广告。软广告通常包括微信公众号推广、微博等自媒体推广、SNS社区论坛推广等，是一种催生话题吸引客户群点击进入页面产生购买的推广方式。目前随着智能手机的普及和微信、微博等社区的不断扩张，微信、微博的软文推广也在不断地刷新引流的记录，一篇好的软文，能够带动公众号的运营活力，提升粉丝数、转发量、评论数等。

③ 搜索引擎推广。

搜索引擎推广是一种精准的推广，收到的效果也更好，但是流量相对来说，比硬广告要稍少一点。传统意义上的搜索引擎推广包含搜索引擎营销（Search Engine Marketing，SEM）、网盟（网站的广告联盟）、SEO等。搜索引擎推广一般是指关键字的竞价推广，目前常见的搜索引擎推广有百度、搜狗、360这三家，其中百度占据的市场份额最多，并且近几年随着这三家公司的业务不断提升，其搜索引擎推广的方式也在推陈出新。

④ E-mail、短信推送等形式的推广。

该类流量来源的质量与编辑的内容、发送人群的定位有着很大的联系，在推送之前，商家需要考虑发送的目标人群是否与你发送的内容有关联，关联度有多大。推送内容文本与客户群关联越高，打开率越高。此类推广方式一般打开率较低，转化率一般。

（2）转化率

转化率是衡量商品页面展示质量（包括详情页质量、价格力度、评价等）以及流量引入精准度的重要指标，现阶段转化率一般可理解为订单转化率，即订单数（已支付）与访客数一比。影响转化率的因素很多，具体有以下几个。

① 流量的质量与数量。

流量的质量与数量要看详情页的页面能否吸引访客。商品标题、卖点主图、详情页描述、排版及页面的评论与回复等都是直接或间接影响消费者将商品加入购物车的因素。因此，运营人员必须明确详情页的显示规范。

② 下单支付流程的顺畅度。

这是影响消费者付款的决定性因素，一个商品不管详情页有多么诱人，消费者多么想买，但是支付流程不畅，也会使转化率大打折扣。

③ 短信催付。

许多人在做运营数据分析时，总会发现消费者有很多商品在购物车或者有许多订单已提交但是未支付，这时他们都会使用短信催付功能。在他们发送短信之后，消费者大多会选择确认订单并支付。但是，使用短信催付功能要注意文本信息的编辑。例如，可以使用"超过订单保存时间自动取消订单"，或者"届时商品优惠价格会恢复原价"之类的字眼进行推送。

（3）客单价

客单价是衡量网站（基于网站的外在表现而形成的市场印象）的重要指标，指的是平均一个客户订单的价格，为订单总金额与买家数之比。在流量转化率不变的情况下，高客单价也就意味着高的销售额。客单价一般是越高越好，低客单价并不利于网站的长久可持续发展，大促期间可以依靠低价引流，平时就不行了，因为低客单价的商品意味着毛利也少。

以上三点共同影响网站的销售额。那通过什么方式来提高以上三点呢？接下来具体介绍提升方法。

① 活动策划与排期。

选定合适的时间与时机。提前规划活动，包括活动的方式、流程和主题，预估一下流量。提前确认力度与选品，并根据以前的数据预估转化率和销售额。接下来开始设计活动页面，按照预定时间上线，跟踪数据，在活动期间更换低转化率的商品，在活动结束后总结分析数据。

② 站外投放与站内资源位分配。

根据活动的级别或站内重点流量位置的布置合理进行广告投放。如全公司较大级别的活动可能就会有更多的预算进行站外推广，而对于一般的活动，公司会进行关键词竞价或者网站广告联盟等投放方式。总之公司在进行两者资源分配时要坚持一个原则，即根据活动面向的客户群体尽可能多地吸引更多的精准流量进入活动页。

③ 自媒体内容编辑与投放。

一般稍大的公司会有专职的内容运营人员负责这块，其主要工作是根据活动的主题和力度进行文案的编写、排版和传播。

④ 数据分析。

运营人员不论何时都需要不断地学习数据分析的知识，数据分析参数主要包括转化率、客单价和复购率。与会员挂钩的有会员基本信息（包含年龄群体、男女比例等）、新会员占比、老会员占比等；与移动客户端挂钩的有留存率、基于设备的留存情况以及基于账号的留存情况等。

总之，准备从事电商运营的人需要明白电商运营的工作是复杂多样的，流量、转化率和客单价是电商运营的三大要素，在这些要素中涉及的工作技能还包含许多，需要在工作过程中具备快速学习和自我反思的能力，如此才能尽快掌握电商运营，提升自己的逻辑思维能力，进而为之后自己的升职之路打下坚实的基础。

▍4.3.4　电商流程

电子商务基本流程大致可以归纳为网络商品直销的流程和网络商品中介交易的流程两部分。

1．网络商品直销的流程

网络商品直销是指消费者和生产者（需求方和供应方）直接利用网络开展的买卖活动。这种在网络上的买卖交易最大的特点是供需直接见面，环节少、速度快、费用低。其交易流程如下所示。

① 消费者在网络上查看企业和商家的主页（HomePage）。

② 消费者通过购物对话框填写姓名、地址、商品品种、规格、数量、价格。

③ 消费者选择支付方式，如信用卡、借记卡、电子货币、电子支票等。

④ 企业或商家的客户服务器接到订单后，检查支付方的服务器，确认汇款额是否被认可。

⑤ 企业或商家的客户服务器确认消费者付款后，通知销售部门送货上门。

2．网络商品中介交易的流程

网络商品中介交易是通过网络商品交易中心，即虚拟网络市场进行的商品交易。在这种交易过程中，网络商品交易中心以网络为基础，利用先进的通信技术和计算机软件技术，将商品供应商、采购商和银行紧密地联系起来，为客户提供市场信息、商品交易、仓储配送、货款结算等全方位的服务。其交易流程如下。

① 买卖双方将各自的供需信息通过网络上传至网络商品交易中心，网络商品交易中心通过信息发布服务向交易的参与者提供大量详细、准确的交易数据和市场信息。

② 买卖双方根据网络商品交易中心提供的信息，选择自己的贸易伙伴。网络商品交易中心从中撮合，促使买卖双方签订合同。

③ 买方在网络商品交易中心指定的银行办理转账付款手续。

④ 网络商品交易中心在各地的配送部门将卖方货物送交买方。

下面将依次介绍B2B电子商务流程、B2B协作流程、B2B网站业务处理流程、B2C购物流程、B2C后台流程、订单管理流程等。

① B2B电子商务流程。将认证中心、制造商开户银行、制造商或销售商、供应商、供应商开户银行、物流中心等环节联系起来可以展示B2B的电子商务流程，如图4-3所示。

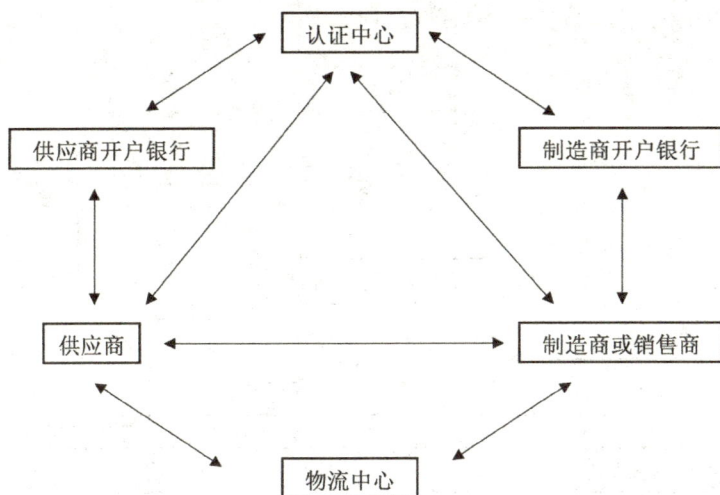

图4-3　B2B电子商务流程图

　　上述过程中的认证中心（CA）作为第三方，确认各方的真实身份，保证交易的正常进行。

　　②B2B网站业务处理流程图。在B2B网站业务处理流程中，经销商登录后可以进行查询和交易，确认购买后可以通过网上银行付款。网站为交易双方提供交易处理、查询统计、商品库存管理及财务管理等功能，如图4-4所示。

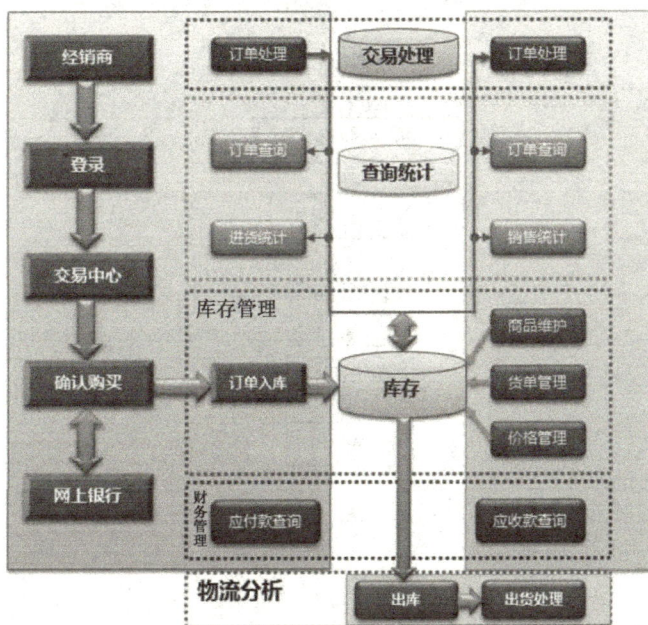

图4-4　B2B网站业务处理流程图

③ B2C购物流程。B2C网站上的购物流程如图4-5所示。

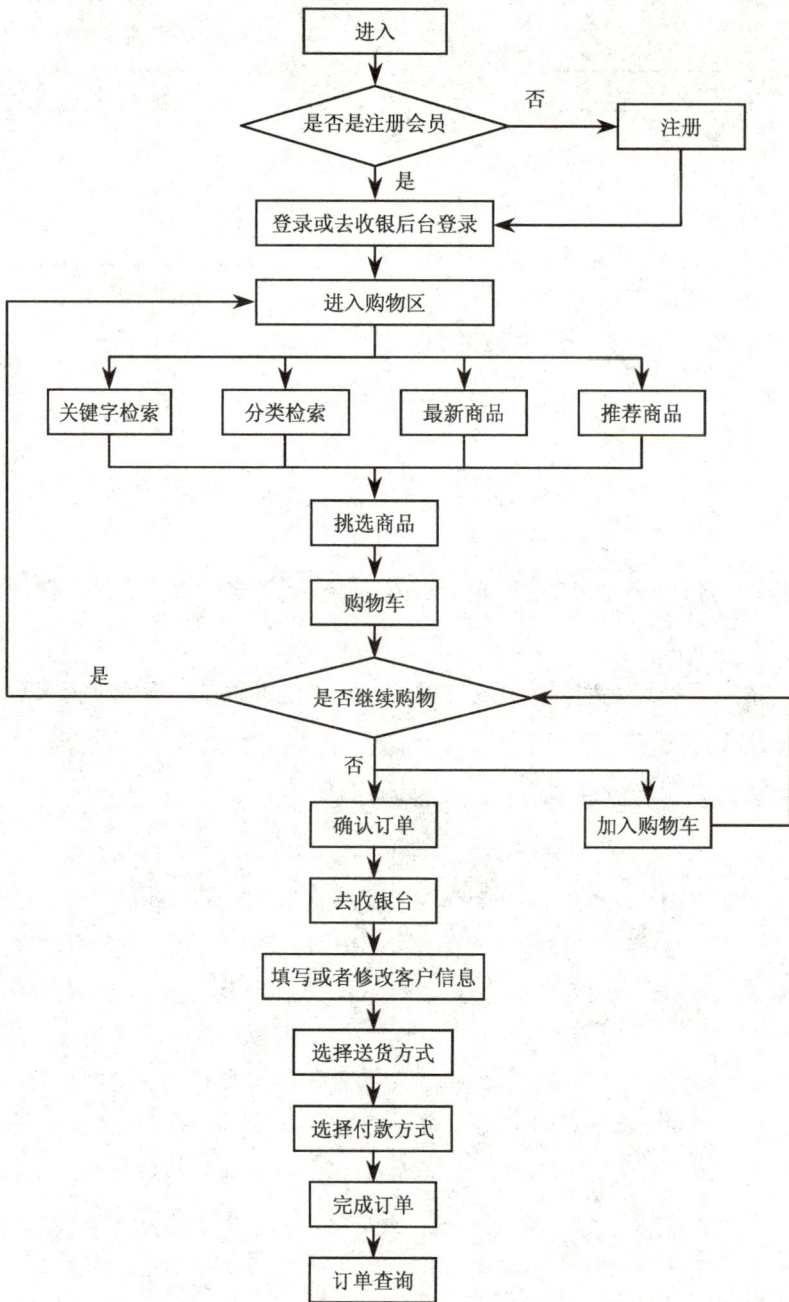

图4-5 B2C购物流程图

④ B2C后台流程。网店管理者在B2C交易后台从商品管理到商店管理等一系列流程如图4-6所示。

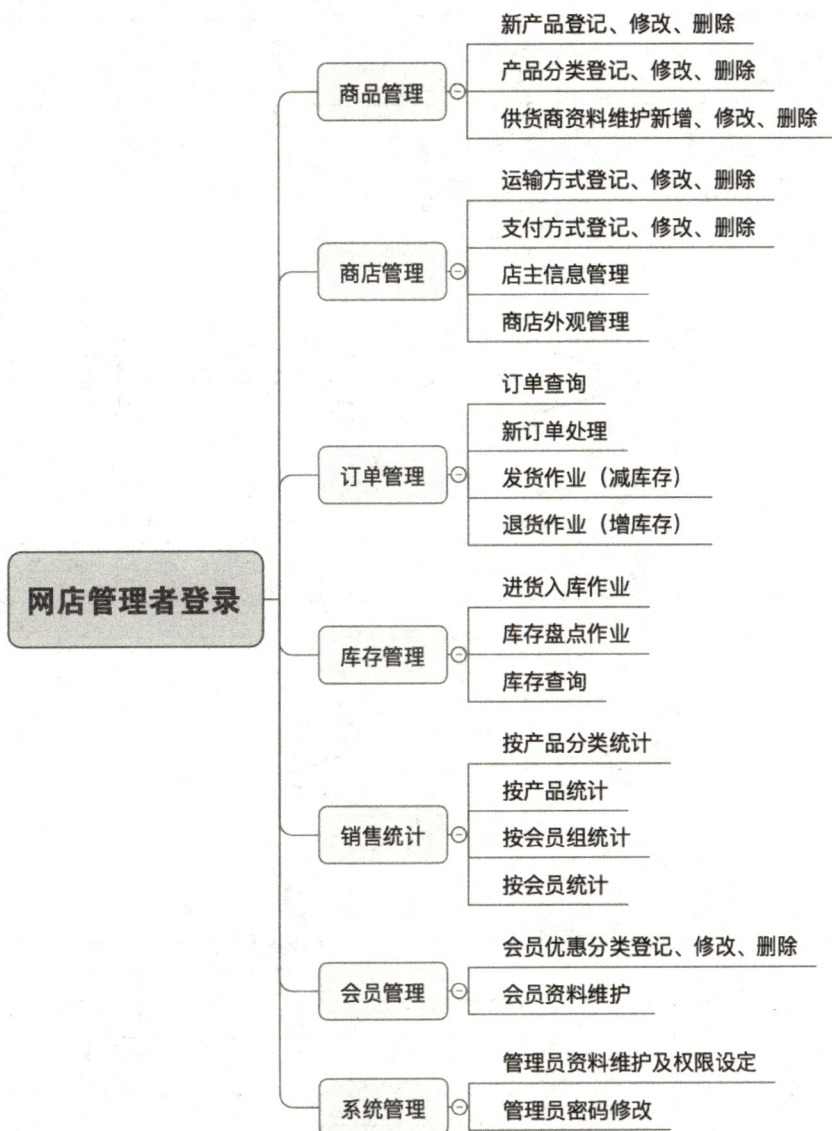

图4-6　B2C后台流程图

⑤ 订单管理流程。订单从下单到确认订单的一系列管理过程如图4-7所示。

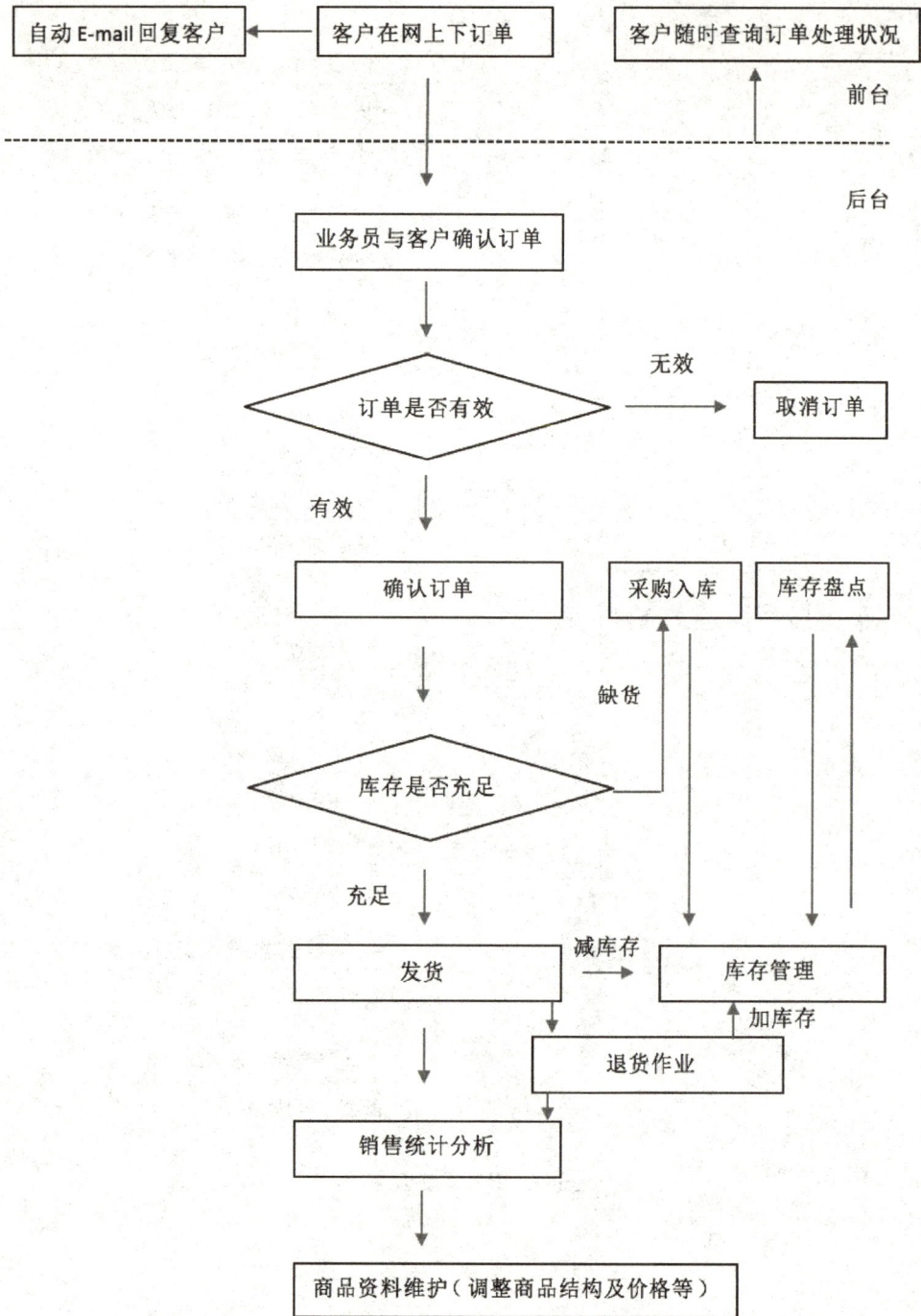

图4-7 订单管理流程

4.3.5 网络营销知识

1. 网络营销的概念

广义地说，凡是以网络作为主要手段，为达到一定的营销目标进行的营销活动，都可以称为网络营销。这里所指的网络不仅是互联网，也包括城域网、无线网、卫星网和其他增值网。

目前，对网络营销的定义虽然很多，但其内容基本一致，现择其主要方面分列如下。

① 网络营销是指利用网络技术，最大限度满足客户需求，以达到开拓市场、增加盈利等目标的经营过程。

② 网络营销是企业整体营销战略的一个组成部分，是建立在互联网基础之上，借助于互联网特性来实现一定营销目标的营销手段。

③ 网络营销是利用网络技术提供的各种方便、高效的手段，按照现代营销理论中"一切以满足客户需求为中心"的宗旨，以较低的成本、较高的效率对企业经营过程中涉及的相关商务活动进行管理，如市场调查、客户分析、产品开发、生产流程安排、销售策略决策、售后服务、客户反馈等活动，以期进一步开拓市场、增加盈利，同时，网络营销需要完善的电子支付、法律环境、配送系统作为底层支撑。

2. 网络营销的职能

网络营销的职能不仅表明了网络营销的作用和网络营销工作的主要内容，也说明了网络营销应实现的效果，对网络营销职能的认识有助于全面理解网络营销的价值和网络营销的内容体系。概括而言，网络营销的职能包括以下几方面。

（1）网络品牌建设

网络营销的重要任务之一就是在互联网上建立并推广企业的品牌，知名企业的网下品牌可以在网上得以延伸，一般企业则可以通过互联网快速树立品牌形象，并提升企业整体形象。网络品牌建设以企业网站建设为基础，通过一系列的推广措施，增加消费者对企业的认可度。在一定程度上说，网络品牌的价值甚至高于通过网络获得的直接收益。

（2）网站推广

这是网络营销最基本的职能之一，在几年前，网络营销甚至被认为就是网站推广。相对于其他功能来说，网站推广显得更为迫切和重要，网站所有功能的发挥都以一定的访问量为基础，所以，网站推广是网络营销的核心工作之一。

（3）信息发布

网站是一种信息载体，通过网站发布信息是网络营销的主要方法之一，同时，信息发布也是网络营销的基本职能，所以也可以这样理解：无论哪种网络营销方式，结果都是要将一定的信息传递给目标人群，包括消费者（潜在消费者）、媒体、合作伙伴、竞争者等。

（4）销售促进

营销的基本目的是为增加销售提供帮助，网络营销也不例外，大部分网络营销都与直接或间接地促进销售有关，但促进销售并不限于促进网上销售，事实上，网络营销在很多情况下对于促进网下销售也十分有价值。

（5）销售渠道

一个具备网上交易功能的企业网站本身就是一个网上交易场所，网上销售是企业销售渠道在网上的延伸。网上销售渠道不限于企业网站本身，还包括建立在综合电子商务平台上的网上商店，以及与其他电子商务网站不同形式的合作的销售页面等。

（6）客户服务

互联网提供了更加方便的在线客户服务手段，如形式最简单的常见问题解答，以及BBS、聊天室等各种即时信息服务。消费者服务质量对于网络营销效果具有重要影响。

（7）客户关系

良好的客户关系是网络营销取得成效的必要条件，利用网络的交互性，采取客户参与等方式，在开展客户服务的同时，增进客户关系。

（8）网上调研

通过在线调查表或者电子邮件调研等方式，可以完成网上调研，相对传统市场调研，网上调研具有效率高、成本低的特点。因此，网上调研成为网络营销的主要职能之一。

总之，开展网络营销的意义就在于充分发挥其各种职能，让网上经营的整体效益最大化。网络营销的职能是通过各种网络营销方法来实现的，网络营销的各个职能之间并非相互独立，同一个职能可能需要多种网络营销方法共同作用，而同一种网络营销方法也可能达到多个网络营销职能的要求。

3. 网络营销的方法

网络营销的方法有很多，不同的方法有不同的效果，但是其最终目的都是促进商品销售和推广公司形象，具体的方法主要有以下几种。

（1）搜索引擎注册与排名

调查表明，搜索引擎仍然是人们发现新网站的基本方法。因此，在主要的搜索引擎上注册并获得理想的排名，是网站在设计过程中就要考虑的问题之一，网站正式发布后要尽快提交到主要的搜索引擎，这是网络营销的基本任务。

（2）交换链接

交换链接又称互惠链接，是具有一定互补优势的网站之间的简单合作形式，即分别在自己的网站上放置对方网站的LOGO或网站名称，并设置对方网站的超链接，使用户可以从一方的网站中发现另一方的网站，达到两个网站互相推广的目的。交换链接的主要作用有获得访问量、增加用户浏览时的印象、在搜索引擎排名中增加优势、通过合作网站的推荐增加访问者的可信度等。

（3）网络广告

几乎所有的网络营销活动都与品牌形象有关，在所有与品牌推广有关的网络营销手段中，网络广告的作用最为直接。标准条幅广告曾经是网上广告的主流，但2001年之后，网络广告领域发起了一场轰轰烈烈的"创新运动"，新的广告形式不断出现。新型广告克服了标准条幅广告承载信息量有限、交互性差等弱点，因此获得了相对比较高的点击率。有研究表明，网络广告的点击率并不能完全代表其效果，因为网络广告对那些浏览而没有点击广告的、占浏览者总数99%以上的访问者同样产生作用。

（4）信息发布

信息发布既是网络营销的基本职能，又是一种实用的操作手段，通过互联网，人们不仅可以浏览到大量商业信息，还可以自己发布信息。对企业而言，最重要的是将有价值的信息如新产品信息、优惠促销信息等及时发布在自己的网站上，以充分发挥网站的功能。

（5）许可E-mail营销

基于用户许可的E-mail营销比传统的推广方式或未经许可的E-mail营销具有明显的优势，如可以减少广告对用户的打扰、增加潜在客户定位的准确度、增强与客户的关系、提高品牌忠诚度等。开展E-mail营销的前提是拥有潜在用户的E-mail地址，这些地址可以从用户、潜在用户的各种资料中自行收集整理。

（6）邮件列表

邮件列表实际上也是一种E-mail营销形式。邮件列表基于用户许可的原则，用户可自愿加入、自由退出邮件列表。稍微不同的是，E-mail营销直接向用户发送促销信息，而邮件列表则通过为用户提供有价值的信息，在邮件内容中加入适量促销信息，从而实现营销的目的。邮件列表的丰富价值表现在可作为企业产品或服务促销的工具、方便和用户交流、获得赞助或者出售广告空间、提供收费信息服务4个方面。邮件列表的表现形式很多，常见的有新闻邮件、电子刊物、新产品通知邮件、优惠促销信息邮件、重要事件提醒服务等。

（7）个性化营销

个性化营销的主要内容包括用户可定制自己感兴趣的信息内容、选择自己喜欢的网页设计形式、根据自己的需要设置信息的接收方式和接收时间等。个性化服务在改善客户关系、培养客户忠诚以及增加网上销售等方面具有明显的效果。据研究，为了获得某些个性化服务，在个人信息可以得到保护的情况下，用户才愿意提供有限的个人信息。这正是开展个性化营销的前提保证。

（8）会员制营销

会员制营销已经被证实为电子商务的一种有效营销手段，国内外许多网上零售型网站都实施了会员制计划，几乎覆盖了所有行业。国内的会员制营销还处在发展初期，不过已经可以看出电子商务企业对此表现出的浓厚兴趣和旺盛的发展势头。

（9）网上商店

网上商店建立在第三方提供的电子商务平台上，由商家自行经营，如同在大型商场中租用场地开设商店的专卖店一样。网上商店除了通过网络直接销售产品这一基本功能之外，还是一种有效的网络营销手段。从企业整体营销策略和消费者的角度考虑，网上商店的作用主要表现在两个方面，一方面，网上商店为企业扩展网上销售渠道提供了便利的条件；另一方面，建立在知名电子商务平台上的网上商店增加了消费者的信任度。从功能上来说，网上商店对不具备电子商务功能的企业网站也是一种有效的补充，对提升企业形象并直接增加销售具有良好效果，将企业网站与网上商店相结合，效果更为明显。

（10）病毒性营销

病毒性营销并非真的以传播病毒的方式开展营销，而是通过用户的口碑宣传网络，使信息像"病毒"一样传播和扩散，利用快速复制的方式传向数以千计乃至百万计的受众。利用病毒性营销的经典范例是Hotmail.com。病毒性营销并不是随便就可以做好的，需要遵照一定的步骤和流程。一般而言，成功实施病毒性营销需要5个步骤，具体如下。

① 对病毒性营销方案进行整体的规划和设计。

② 构思病毒性营销独特的创意，病毒性营销之所以吸引人就在于其创新性。

③ 合理设计网络营销信息源和信息传播渠道，以便利用有效的通信网络传播信息。

④ 将病毒性营销的原始信息在易于传播的小范围内发布和推广。

⑤ 对病毒性营销的效果进行跟踪和管理。

尽管病毒性营销在实施过程中通常无需费用，但病毒性营销方案设计是需要成本的。病毒性营销通常不需要为信息传递投入直接费用，但病毒性营销方案不会自动产生，需要根据病毒性营销的基本思想认真设计，在这个过程中，必定需要投入一定的资源，因此不能把病毒性营销理解为完全不需要费用的网络营销，尤其在制订网站推广计划时，应充分考虑到这一点。此外，并不是所有的病毒性营销方案都可以获得理想的效果，这也可以理解为病毒性营销的隐性成本。成功实施病毒性营销5个步骤中的第4步就是关于病毒性营销信息源的发布和推广，因为病毒性营销信息不会自动传播，需要借助一定的外部资源和现有的通信环境来推广。这种推广可能并不需要直接费用，但需要合理选择和利用有效的网络营销资源，因此需要以专业的网络营销知识为基础。在传播"病毒"时，应该选择那些人群集中、互动性强和传播迅速的平台，如微信、微博、QQ等都是常用的渠道。

本章小结

本章有三大模块知识，分别是外语知识、外贸知识和电商知识，本章的主要目的是使读者对跨境电商知识产生兴趣，大部分学习应通过课后大量阅读来完成。三大模块知识全部掌握了，才能全面掌握跨境电商这个新领域的工作。

巩固练习

一、判断题

1. 传统外贸英语是跨境电商业务人员必备的英语基础知识，具备一定的传统外贸英语知识，可以更好地开展跨境电商业务。（　　）

2. B2B2C是一种电子商务类型的网络购物商业模式，B是Business的简称，C是Customer的简称，第一个B指的是商品或服务的供应商，第二个B指的是从事电子商务的企业，C则是表示消费者。B2B2C以Amazon为代表。（　　）

3. B2A电子商务指的是企业与政府机构之间进行的电子商务活动。（　　）

二、单选题

1. 电商运营的基本逻辑不包括（　　）。

    A. 流量　　　　B. 转化率　　　C. 客单价　　　D. 销量

2. 转化率的计算公式是（　　）。

    A. 成交订单数/访客数　　　　　　　B. 订单数/访客数

    C. 销售额/销售商品数　　　　　　　D. 访客数×商品单价数

3. 流量的来源渠道不包括（　　　）。

    A. 硬广告　　　　　　　　　　　B. 软广告

    C. 搜索引擎推广　　　　　　　　D. 口碑宣传

三、多选题

1. 相对传统市场调研，网上调研的优点是（　　　）。

    A. 高效率　　　　　　　　　　　B. 低成本

    C. 执行困难　　　　　　　　　　D. 准确性低

2. 网络营销的职能有（　　　）。

    A. 促进销售　　　　　　　　　　B. 推广网站

    C. 维护客户关系　　　　　　　　D. 发布信息

3. 常见的网络营销方法有（　　　）。

    A. 病毒性营销　　　　　　　　　B. 会员制营销

    C. 网络广告　　　　　　　　　　D. 许可E-mail营销

四、简答题

1. 阐述学习本章的心得，并列出课外阅读的图书清单。

2. 思考电商三大模块的知识对跨境电商岗位的影响。

第 **5** 章

跨境电商
职业规划

本章知识结构

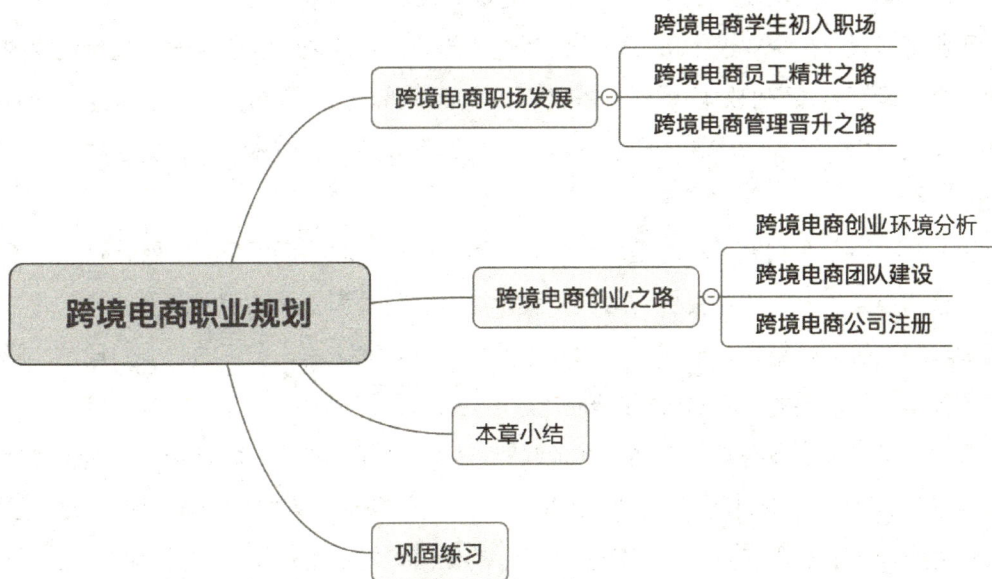

```
                                                    ┌─ 跨境电商学生初入职场
                                    ┌─ 跨境电商职场发展 ┼─ 跨境电商员工精进之路
                                    │                └─ 跨境电商管理晋升之路
                                    │
                                    │                ┌─ 跨境电商创业环境分析
跨境电商职业规划 ─────────────────────┼─ 跨境电商创业之路 ┼─ 跨境电商团队建设
                                    │                └─ 跨境电商公司注册
                                    │
                                    ├─ 本章小结
                                    │
                                    └─ 巩固练习
```

职业规划是企业用来帮助员工获取目前及将来工作所需的技能、知识的一种规划。职业发展规划有利于企业和员工长期利益的统一，具有高度责任感的企业都有义务为其员工指明职业发展方向，设计职业发展通道，使员工看见个人发展的希望，实现企业人才的长期稳定性。本章主要论述跨境电商的职业发展阶段及各个阶段的任务、目标和应具备的能力等。

5.1 跨境电商职场发展

职场发展是员工在自己选定的领域里，在自己力所能及的范围内，逐渐成长成为某种意义上的专家的过程。所谓专家，并不一定是研究开发人员或技术顾问。专家是在某一领域有深入和广泛的经验，对该领域有深刻而独到认知的人。至于行政管理能力、员工培养能力、团队建设能力、规划和沟通能力等，是个体在职业发展过程中必须培养的能力要素，它们是实现职业发展的重要工具，但不是职场发展的目标。

职业发展通道是企业进行员工职业生涯管理的基础条件之一。企业通过整合企业内部各个岗位，设置多条职业发展系列并搭建职业发展阶梯。然后通过岗位能级映射，探测岗位间的关联，为员工提供广阔的职业发展平台，如行政序列、技术序列、销售序列、管理发展序列等。

企业在澄清企业发展战略的基础上，明确不同序列的职位任职资格，融合企业的长期发展愿景和员工个人的职业目标，为员工设计清晰、明确和公平的职业发展通道，并与员工培训、绩效管理相结合，形成企业的人才梯队建设方案，提高员工的企业归属感，降低员工流失率，实现人力资源的可持续开发。

企业与员工结合自身需求，共同确定职业目标的过程，实际上就是企业吸纳适宜素质的人才进行价值设定的过程；企业结合员工自我职业探索，为员工量身定制职业发展策略，也可看作企业基于自身与员工需要所进行的价值开发活动；企业对员工的职业评价及职业目标的修正就是企业科学评价员工为企业所做的贡献，并分配价值的过程。

在职业发展管理价值链中，每个环节又包含若干人力资源管理模块，来完成相应的职能。价值设定环节包括组织调研模块、配置模块、职责目标分解模块；价值开发环节包括工作设计、培训、职业通道等模块；价值评价与分配环节包括绩效管理、整体薪酬设计等模块。三大环节相互协同，从不同的角度整合和激活组织的人力资源。企业经营战略驱动企业的职业发展规划及管理工作，职业发展管理价值链中的价值设定环节通过吸纳与不同职种、职层相匹配的适宜素质的人才进入企业，从而影响各个岗位主体；价值开发环节旨在使员工的知识技能与任职资格要求相一致，从而具备相应的职业行为能力；价值评价与分配环节驱动并强化员工的职业化行为，员工的规范职业化行为促进企业业务运作流程的实现，从而提高企业的运营绩效，推动企业盈利，最终提升企业价值。具体的职业发展价值链如图5-1所示。

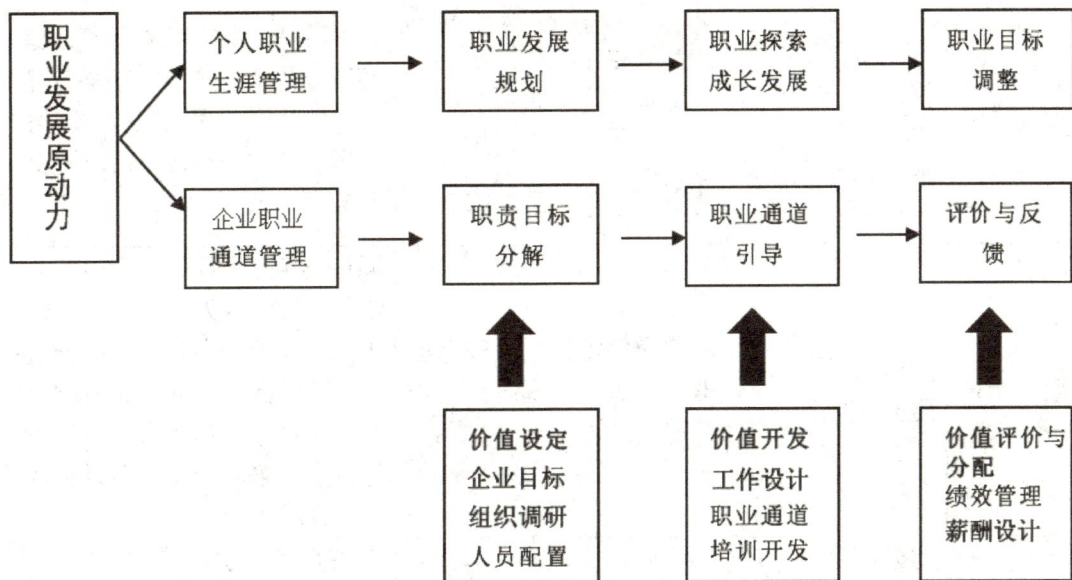

图5-1　职业发展价值链

进入职场直到退出，大部分人都会经历表5-1所示的几个职业生涯发展阶段。在职场越往后走，职业生涯的发展阶段都比以前更高，但能爬上去的人更少，有的人能成功地度过一些成长阶段，但会在某个阶段前停滞下来，停止职业成长，有的人则会一直成功地走下去，走到职业金字塔的顶端。跨境电商职业发展也不例外，跨境电商职业发展历程如表5-1所示。

跨境电商的发展正在推动自由、开放、通用、普惠的全球贸易平台诞生。可以预见，跨境电商将成为未来全球贸易的主要形式。人才能否实现健康的成长和发展将成为跨境电商行业能否可持续发展的关键因素之一。根据《2016年度跨境电商行业人才管理趋势调研报告》，可总结出以下几点。

① 该行业内销售运营岗的流动性较高，有72%的公司人才主动流失率约在20%；其中，销售运营岗流失情况远远高于其他岗位，人才主要流向为自主创业和竞争对手。

表5-1　跨境电商职业发展历程

发展阶段	阶段使命	目　　标	能力/课程
初入职场	积极修炼，发展、管理自己，为步入社会和职场做好准备	发现自身职业特质和职业兴趣，锻炼心理素质，继续进行知识储备	独立自主为自己负责，勇于学习，知道自己的优势，充分利用资源。可以选择职场课程
员工精进	不断地在职业内探索，强化自己，自我培训，找到工作的精髓	员工通过提高自己的能力，增强自己对同事和企业的适应性，相互影响来奠定自己的事业基础。这一时期员工的工作角色是自主、独立的贡献者	能够胜任上司交给的任务，提高工作效率，并且能够调节好自己的心态，根据现实情况适当调节自己的目标。可以选择业务课程
管理晋升	突破自我，承担更多的责任	尽量避免躁动期，保持进取心，进一步提升自己对公司的价值	拥有一定的权利，承担更多的责任，或者成为专业骨干，处于工作岗位的中心。在这一阶段，员工的核心活动是分配资源，培训和发展他人，对新员工施加更多的影响。可以选择管理课程
创业之路	对公司负责，对团队负责，洞察市场，对自己有深刻的认识	为公司设定长、短期目标，分工明确	组织指挥能力、谋略决策能力、创新创造能力、选人用人能力、沟通协调能力、社交活动能力、语言文字能力

② 企业发展越成熟，组织架构相对越完善，主要问题集中在部门之间的制衡及沟通协作上。跨境电商行业整体对组织架构和岗位管理的满意度偏低，处于初期阶段的公司不同程度上存在部门设置不合理、职责划分不清、沟通协调困难、缺乏监督制衡机制、因人设岗等困惑；相对成熟的公司问题主要集中在部门之间"缺乏应有的监督制衡机制"及"部门之间沟通不畅，协调难度较大"上。

③ 行业整体缺乏相对完善的人才培养和发展机制。近半数调研企业认为，人才培养和发展机制的问题主要集中在"尚未形成标准的晋升通道""没有正式的职业发展机制"及"上下级较少讨论职业发展"的阶段，并且随着公司不断成熟，人才培养和发展机制并未出现明显的进步。营业规模较大、相对成熟的公司更加注重绩效管理，但整体在绩效目标的确定及绩效结果的运用方面都有较大提升空间。从整体上看，大部分公司目前绩效管理中面临的最大挑战是难以确定绩效考核指标及具体目标，即使更为成熟的公司，其绩效管理依然主要处于"确定了绩效管理流程，但较为粗放"的情况。

④ 行业内各家公司付薪理念和付薪水平差异显著，没有形成行业标准。处于发展初期的公司，可能由于付薪能力较弱，困难和挑战主要是公司整体缺乏薪酬标准和依靠薪酬留人困难；发展相对成熟的公司，整体薪酬水平较高，公司人力成本压力大，同时缺乏行业标准，导致核心岗位存在较多谈判薪酬形式，公司较为被动。其中，有人对高管薪酬做了深入研究，主要发现如下。

• 高管团队年轻化，人员构成中创业团队高于市场化招聘。跨境电商行业高管团队年轻化特征明显，平均年龄集中在40岁以下，其中30岁以下的占31%；在高管团队人员构成中，创始团队人数占比总体高于市场化招聘人数。

• 高管付薪没有形成行业标准，个体差异度过大。行业内公司间支付能力与付薪理念差异大，导致同类高管职位薪酬水平区间过大，尤其对于稀缺的高管人才岗位，薪酬以个体谈判为主，高管的个人资历与经验对付薪水平产生一定影响。

• 高管特殊福利集中于基础性福利，与高管个人对福利的诉求存在一定的差异。大部分跨境电商企业会针对高管设置专项补充福利，但大多数企业仅提供额外的基础性福利（餐饮、交通、住房）。高管个人体现出对福利的诉求集中在住房补贴、子女教育福利、假期性福利等方面，与现有福利差异较大。较多企业的长期激励方案仍待补充或落地，亟需构建全面的薪酬体系。仅有35%的被调研企业已实施长期激励计划；绝大多数企业的长期激励方案仍待补充或落地。核心人才的吸引、激励、保留，以及公司全面薪酬体系的完善，仍是大多数企业实施长期激励的目的。

• 长期激励方案的设计与公司业绩、个人业绩、资本运作规划紧密挂钩。长期激励触发条件与达成条件，除了与常规的公司业绩与个人业绩挂钩外，更注重资本运作规划的达成与否，如是否上市成功、是否引入投资者，可见企业对资本市场的重视与渴求。

从以上能够看到当前跨境电商的职场有优势也有劣势，但总体来说，前景远大，接下来就从初入职场、精进之路和晋升之路来具体讲述跨境电商的职场发展历程。

5.1.1 跨境电商学生初入职场

跨境电商学生初入职场，从根本上来说和其他职业是一样的。他们都需要有适应期，在这期间，他们会慢慢找到自己的工作节奏，找准自己的定位，在一段时间之后，他们会开始升迁或者是发现自己不适合这份工作，开始换岗等。接下来就从其探索阶段、确立自己的目标、应具备的能力以及案例分析4个部分来具体讲述跨境电商学生初入职场的历程。

1. 探索阶段

在这一时期，个人将认真地探索各种可能的职业选择。他们试图将自己的职业选择与他们对职业的了解以及通过学校教育、休闲活动和工作等途径中获得的个人兴趣和能力匹配起来。在这一阶段的开始时期，他们往往做出一些带有试验性质的较为宽泛的职业选择。然而，随着个人对所选择职业及对自我的进一步了解，他们的这种最初选择往往会被重新界定。到了这一阶段结束时，一个看上去比较恰当的职业就已经被选定，他们也已经做好了开始工作的准备。

人们在这一阶段及以后的职业阶段需要完成的最重要任务也许就是对自己的能力和天资形成现实性的评价。类似地，处于这一阶段的人还必须根据来自各种职业选择的可靠信息来做出相应的教育决策。

2. 确立自己的目标

这一阶段，个体需设立合理的目标。

（1）目标应具体

目标需要明确地表明你期望通过努力达到怎样的结果，这就要求目标必须是具体的，而不是像"尽可能做到最好""卖出更多的东西"这类含糊不清、模棱两可的目标。

目标的具体要素包含你的具体完成时限、衡量指标，有时，也可以为自己设立一些奖励制度。衡量指标是个人行动最优行为导向，如"销售额增长20%""成本降低20%"这类的描述就属于明确而具体的业绩指标。个人会根据业绩指标做出最有利于达到指标的行为。目标完成时限也非常重要，强调目标必须在合理的时限内达到，如"1年内""3年内"，有了时间限制，既能抑制过于急躁的情绪，又能够起到激励作用。奖励制度则是指，当你能够明确自己完成某项目标之后所能得到的奖励时，你的积极性往往会更高。

（2）应依据实际情况

依据自己的实际情况来制订目标是目标制订过程中最重要的一步。如果不依据实际情况制订，就可能导致个人对目标实现失去信心或浪费大量资源。一个刚学会走路的孩子说自己要成长为"亚洲飞人"，或是一个学龄儿童说自己将在一年内造一艘航空母舰，此类的目标都是不切实际的。你的目标应该是能够依据现实所拥有的资源与实际潜能、以往的业绩与经验，以及你所面临的内外部竞争形势等综合分析之后再决定的。依据多方面的实际情况制订出来的目标最能够激发自我的前进激情。

（3）有一定难度

研究表明，当人们面对一定的困难和挑战时，将会比一般付出的努力多得多，所以，最佳的目标是具有一定难度的目标。这种目标能激发和拓展个人的能力，但又是通过努力可以达到的。你必须综合各方面的实际情况，评估出目标的困难程度及自我实现目标的能力。通过这样的衡量而制订出来的目标，在实施目标的过程中会更具有活力，会为了实现目标付出更多的努力。另外，有一定难度的目标，也能持久地激励你坚持实现目标，而不是放弃努力或满足现状。

（4）有竞争性

目标既可以是超越自身之前的成绩，还可以是领先竞争对手，目标应含有一定的竞争性。可以为自己定下"超过××同事"的目标，这一目标就表明，你不仅要超越自身取得的所有成绩，还要超过那个比你更优秀的同事，才能最终实现自己的目标。

使自己的目标既有一定的难度，又能够使自己升起挑战自我的信心、获得新的发展动力，这是合理高难度目标的最佳定位。当你学会了设置这一合理高难度目标以后，你会发现，自己的梦想变得不再缥缈，而你的未来也随着目标的一一实现而逐渐明确起来。

3. 应具备的能力

（1）考虑问题时的换位思考能力

在考虑解决问题的方案时，常人通常站在自己职责范围立场上尽快妥善处理。而优秀的同事却总会自觉地站在公司或老板的立场去考虑解决问题的方案。作为公司或老板，解决问题的出发点首先考虑的是如何避免类似的问题重复出现，而不是头疼医头、脚疼医脚的就事论事。面对人的惰性和部门之间的扯皮，只有站在公司的角度去考虑的解决方案，才是比较彻底的解决方案。能始终站在公司的立场上去酝酿解决问题的方案的人，会逐渐地成为公司可以信赖的人。

（2）解决问题时的逆向思维能力

面对工作中遇到的新问题，一时又找不到解决方法，而且上司可能也没有什么锦囊妙计时，一些优秀的人擅长用逆向思维办法去探索解决问题的途径。他们清楚具体业务执行者比上司更容易找出问题的节点，问题是人为的，还是客观的；是技术问题，还是管理漏洞。采用逆向思维找寻问题的解决方法，会更容易从问题中解脱出来。

（3）简洁的文书编写能力

领导通常都没时间阅读冗长的文书。因此，学会编写简洁的文字报告和编制赏心悦目的表格就显得尤为重要。即便是复杂的问题，也能将其浓缩阐述在一页纸上。有必要详细说明的问题，再用附件形式附在报告或表格后面。让领导仅仅浏览一页纸或一张表格便可知道事情的概况。若领导对此事感兴趣或认为重要，可以通过阅读附件里的资料来了解详情。

（4）信息资料收集能力

经验丰富的人很在意收集各类信息资料，包括各种政策、报告、计划、方案、统计报表、业务流程、管理制度、考核方法等，尤其重视竞争对手的信息。因为任何成熟的业务流程本身就是很多经验和教训的积累，等到用时，就可以信手拈来。这在任何教科书上都是无法找到的，也不是哪个老师能够传授的。

（5）书面沟通能力

当发现与领导面对面的沟通效果不佳时，可以采用迂回的办法，如用电子邮件、书面信函、报告的形式尝试沟通一番。因为，书面沟通有时可以达到面对面语言沟通无法达到的效果。如可以较为全面地阐述想要表达的观点、建议和方法，能让领导听你把话讲完，而不是打断你的讲话，或被领导的电话打断你的思路，也可方便地让领导选择一个其认为空闲的时候来"聆听"你的"唠叨"。

4. 案例分析

吴依敏的前程规划

吴依敏今年28岁，女性，刚获得企业管理硕士学位，并与陈震东先生一起在光明投资银行工作，然而目前的工作情况并不是吴依敏所期望的，因此她正在犹豫自己是否应该留在光明投资银行。

吴依敏所工作的光明投资银行具备清晰的管理结构，但并没有刻板的等级制度。其风格相对不拘于形式，具有较大的灵活性，工作积极主动的人能迅速脱颖而出，具有创新意识的思路能够迅速传递到银行上层。光明投资银行不是一个只就备忘录记载的事务而忙碌的公司，大量的工作是通过电话和面谈而得以完成的。这种环境并不适合所有的人。加入光明投资银行的人不要指望随波逐流，员工必须发挥主观能动性，努力寻找脱颖而出的新途径。光明投资银行引以为傲的是推崇唯才是举，在这里公司看重的是成果。

光明投资银行历来注意拓展员工的经验范围，重视各项业务之间技能的互通性，承诺为公司内的优秀人才提供最佳发展机会。当工作需要专业化技能时，公司鼓励个人朝这个方向发展，但并不强求。客户交给公司的问题越来越复杂，公司认为，广博的经验和对公司运作的理解是满足他们需求的最有效方法。

参观过光明投资银行的人都会感受到一种同事间的友谊和真诚，一种轻松自如、大门随时敞开的感觉。在这里，每个人都至关重要，个性得以充分发展。光明投资银行是一个倡导鲜明个性、鼓励积极主动、重视创造能力的公司。

公司在客户的眼里是一个统一的整体。无论要解决的问题多么复杂和困难，公司都确保能调配整个公司内相应的人力和资源来为客户服务。这种通过团队协作解决问题的方法对公司的客户来说至关重要，而且这正是公司的工作重点所在。这种以公司整体开展业务的方法，要求公司注重内部的互相协调和执行战略计划。公司通过研究长远发展的问题并不断调整，保证使公司战略成功的模式得到持续应用，以便公司能够在竞争中不断满足客户提出的各种各样的新要求。

光明投资银行个人发展的宗旨是将公司的战略目标同个人发展目标相结合，这种哲学始终是企业文化的一部分，也是公司未来计划中的具体组成部分。公司聘用的员工具有广泛的专业背景，以使公司人员专业能力的深度和广度都得到拓展。员工来自世界各地，专业范围也越来越宽，从金融到哲学、从经济学到工程学。公司认识到保持技术领先地位至关重要。因为在为客户服务、向客户提供信息时，技术优势会转化为公司的竞争优势，所以公司大力投入资源保持这一优势。

公司能持续发展，关键是在适应环境不断变化的同时，能够保持公司的优秀文化及形象的精髓——公司的信念：在工作方法方面，公司重视以客户为重点、业务范围多样化、团队合作和创新；在员工相互协作方面，公司重视信守承诺、职业精神、尊严和尊重；在员工事业发展方面，公司重视岗位流动、唯才是举并提供优越的薪酬福利。接下来就具体讲述这几个方面。

（1）以客户为重点

公司的成功始于每一名员工对客户的奉献。客户知道公司会竭尽全力帮助他们达到其目标，也知道虽然形势在不断变化，但是公司在业务上，着眼于长远的观点始终没有改变。正因如此，一些重要机构正在依靠光明投资银行执行涉及全行业的、最为错综复杂、最具有创新意义的交易。因为公司能做到承担必要的风险以换取客户的最佳利益，也因为公司把客户的利益放在首位，所以许多客户都和公司保持着长期的合作关系。

（2）业务范围多样化

公司的业务灵活多样，包括企业融资、并购、销售与贸易、资产管理和直接投资等，每一项业务又都提供多种产品和多种服务。这种多样性可以为客户提供广泛的服务，以满足他们的需求。此外，这种多样性在市场波动很大的情况下，有助于避免收益不稳。

（3）团队合作

公司提倡并奖励团队合作。这一方针使公司在目前尤为受益，因为满足客户的需求需要集思广益。如当投资者寻求更改风险和回报的方案时，其解决方案就涉及研究、资产分配与优化模型、上市融资和结构融资及各种执行方法。公司的专业人员必须根据所需专业技术把各种人才组织成一支队伍，齐心协力制订出解决方案。一个真正的"一体化公司"应由具有高技能的个人组成，这些个人通过不断变更组合来解决不同问题。

（4）创新

公司的客户现在不知道十年后他们会需要什么样的产品，但公司打算为他们做好准备。公司在多种业务之间调配人员和技术的独特方法，创造了一种激发创新能力的氛围。公司以其创新精神欢迎各种新想法和新方案；只要符合公司的标准，公司就会迅速将其推向市场，这将提高公司在创新方面的声誉，还能鼓励客户上门寻求新思路。

（5）信守承诺

公司在开发人力资源方面不惜花费大量资源，共同探索关于全球资本市场的深奥知识，并挖掘员工应用这些知识的能力。公司的目标是成为金融服务业中的最佳雇主。公司承诺为所有员工保持积极向上的工作环境，根据业绩提供晋升的机会。

（6）职业精神

追求完美是公司一贯的作风，力求完善是公司与客户保持长久关系的基础。公司的文化是培养每位员工以最高的标准对待工作。因此，在每年一次的专业人员绩效评估中，除工作效率与产品知识之外，在帮助他人、交叉销售和人员招聘等方面所花费的精力也包括在评估范围之内。

（7）尊严与尊重

尊严与互相尊重是人们在共同工作、共同发展、共同学习中形成的文化的核心表现。在光明投资银行中能体验到人与人之间的伙伴情谊、相互尊重和公司的荣誉感。公司的每个成员都扮演着不可或缺的角色，因此，公司中有许多人都长期留任，或以公司为其唯一雇主。

（8）岗位流动

公司信奉的哲学是将每个员工在不同地区、不同业务领域之间流动，这有利于员工的全面提高和发展。公司将安排专业人员参加公司其他分支机构的工作。

（9）唯才是举

公司引以为傲的是推崇唯才是举。公司注重的是成果，不管员工在公司里的级别如何，都能为公司做出贡献，对公司产生影响。虽然公司具有明晰的管理结构，但并没有刻板僵硬的等级，公司的风格比较随便、灵活，工作积极而主动的人能够迅速提升到高层。

（10）提供优越的薪酬福利

公司的环境要求雇员保证充分的时间和精力进行工作。作为回报，公司也承诺为专业人员提供优越的报酬。从一开始，员工就会享受到较高的薪酬及福利。员工的年度收入一般包括基本薪金加上按业绩评定的浮动性奖金。

可以看出光明投资银行是一个充满活力、有大好发展前景的公司，那么为什么吴依敏要离开光明投资银行呢?

当吴依敏刚从大学取得数学学士之后,她进入了位于上海市的大上海国际银行,担任计算机程序设计师。她晋升得很快!从程序设计师到系统分析师,她希望有机会从事具有挑战性及重要性的工作,而且吴依敏感觉到她还需要追求一些别的。

由于吴依敏对银行方面的知识十分了解,所以大上海国际银行派她到光明投资银行对接一个计划。当然,吴依敏是设计规划小组的组长,她的责任就是帮光明投资银行发展一套在自动交换机上的软件程序,而计划的委托人就是陈震东先生。

在吴依敏尚未与陈震东先生谋面时,她就耳闻陈震东先生在光明投资银行是最闪亮之星,他四十五岁,似乎无所不通,而且他知道该如何去激励及激发他的下属。因此,她立即和陈震东谈得十分融洽,她也花了不少次的午餐时间与陈震东先生谈到她目前的需求,她希望能拥有一个更广阔的前景,而非目前在大上海国际银行被指定的工作。陈震东先生鼓励她,并告诉她应该再去进修一些企业管理方面的课程,如获得企业管理硕士;如果她对营销有兴趣的话,陈震东先生向她保证在光明投资银行留个职位给她。

因此,在吴依敏完成了这个自动变换机软件程序的计划方案以后,她就辞职去攻读她的企业管理硕士课程,该课程是令她兴奋的,但也是十分吃力的,不过,她仍然维持着上进的努力。

当吴依敏毕业后,陈震东先生也兑现了他的诺言,给她一个十分好的职位——营销经理,负责自动交换机网络并负责建立起对新ATM制度的营销活动,该营销活动是希望能将产品推广到郊区各角落。因此,吴依敏第一次真正尝试到她的经理经验。

吴依敏通过学习企业管理的相关课程,获得了有关企业管理方面的知识,并且使她在思考上更有信心。因此,没多久吴依敏就不再需要在办事之前先去找陈震东先生讨论,也不再需要陈震东先生的忠告。她要监视并检查所有她负责的工作,而且也变得十分易怒,以往的她是那么懂得感激和鼓舞他人,可是现在变得很容易干扰他人,与他人冲突并且缺乏自制。对于如何营销ATM的产品,她也开始与陈震东先生意见相左,处处显示出她不是一位好的工作伙伴。很快,吴依敏的工作越来越难进行,她的工作成绩也很不理想。

从以上案例中能够看到当你初入职场之时,你需要诚恳地接受他人的教诲,尽管你有着一定的学历和经验,但是对于新公司的相关业务你还是缺乏一定的熟练性,所以你应该站在领导的角度去看待新人该如何去做,否则处处以自我为中心,必定会难以适应新的职场环境,最终将会被领导淘汰。

5.1.2　跨境电商员工精进之路

当跨境电商员工初入职场经过3个月左右的磨砺之后，基本上都会对自身有相对清醒的认识，此时他们大部分人就会开始寻求进一步的突破，此时的前进之路也被称为精进之路，接下来就从跨境电商员工确立阶段和应该具备的能力两个方面来讲述。

1．确立阶段

确立阶段是大多数人工作生命周期中的核心部分。然而，在大多数情况下，在这一阶段人们仍然在不断尝试与自己最初的职业选择不同的各种能力和理想。有些时候，个人在这期间（通常是希望在这一阶段的早期）能够找到合适的职业并随之全力以赴地投入有助于自己在此职业中取得永久发展的各种活动之中。人们通常愿意（尤其是在专业领域）早早地就将自己锁定在某一已经选定的职业上。

确立阶段本身又由3个子阶段构成。

（1）尝试子阶段

尝试子阶段大约发生于一个人的25～30岁这一年龄段中。在这一阶段，个人要确定当前所选择的职业是否适合自己，如果不适合，就会准备进行一些变化。例如，王芳可能已经下决心将自己的职业选定在零售行业，但是在以某商店新雇用的助理采购员身份进行了几个月的连续工作旅行之后，她可能会发现，像市场营销调研这种出差时间更少的职业可能更适合她的需要。

（2）稳定子阶段

在这一阶段，人们往往已经定下了较为坚定的职业目标，并制订极为明确的职业计划来确定自己晋升的潜力、工作调换的必要性以及为实现这些目标需要开展哪些教育活动等。

（3）中期危机阶段

在这一阶段，人们往往会根据自己最初的理想和目标对自己的职业进步情况做一次重要的重新评价。他们有可能会发现，自己并没有朝着自己所梦想的目标（如成为公司高管）靠近，或者已经完成了他们自己所预定的任务之后才发现，自己过去的梦想并不是自己所想要的全部东西。在这一时期，人们还有可能会思考，工作和职业在自己的全部生活中到底占有多大的重要性。通常情况下，在这一阶段的人们第一次不得不面对一个艰难的抉择，即判定自己到底需要什么，什么目标是可以达到的，以及为了达到这一目标自己需要做出多大的牺牲。

2．应具备的能力

（1）目标调整能力

当个人目标在一个组织里无法实现，而且又暂时不能摆脱这一环境时，他们往往会调整短期目标，并且将该目标与公司的发展目标有机地结合起来。这样，其观点就容易与其他同事接近或取得一致，就会有共同语言，就会干得更欢快。反过来，别人也就会乐于接受他们。

（2）超强的自我安慰能力

遇到失败、挫折和打击，他们常能自我安慰和解脱。还会迅速总结经验教训，而且坚信情况会发生变化。他们信条是：塞翁失马，焉知非福。

（3）对企业文化的适应能力

他们对新组织的企业文化都会有很强的适应能力。有的人甚至换个新企业犹如换个办公地点，照样能如鱼得水般地干得欢畅并被委以重用。

5.1.3　跨境电商管理晋升之路

跨境电商员工经过一段时间努力拼搏之后，个人能力与素质提升，适合了企业的文化氛围，成为企业的核心骨干或中高级管理者，下面从维持阶段、应具备的能力、职业发展的准则三个方面阐述晋升之路的职业发展历程。

1. 维持阶段

在这一职业的后期阶段，人们一般都已经在自己的工作领域中为自己创立了一席之地，因而他们的大多数精力主要就放在保有这一位置上了。这一阶段正值个体年富力强，事业向上发展至顶峰的黄金时期。许多人在获得的机会中大展才能，使事业更加辉煌。许多工作者攀升至中高层领导岗位，成为组织的骨干，拥有一定的权利，承担更多的责任，或者成为专业骨干，处于工作岗位的中心。在这一阶段，员工的核心活动是进行资源分配、影响组织的方向、培训和发展他人、对新员工施加更多的影响。当然，处于这一阶段的员工也可能不能战胜中期发展的危机，放弃自己原有的专业，重新开始职业的探索。有人将这种现象称为事业上的"中年躁动期"。

2. 应具备的能力

（1）强于他人的总结能力

他们具备的对问题的分析、归纳、总结能力比常人强，总能找出规律性的东西，并驾驭事物，从而达到事半功倍的效果。人们常说苦干不如巧干，但是如何巧干，不是人人都知道的，否则就不会干同样的事情，常人一天忙到晚都来不及，而他们却整天很潇洒。

（2）制订解决问题方案的能力

遇到问题，他们不会让领导做"问答题"而是做"选择题"。常人遇到问题，首先是向领导汇报、请示解决办法，带着耳朵听领导告知具体操作步骤；这就叫让领导做"问答题"。而优秀的下属常带着自己拟定好的多个解决问题方案供领导选择、定夺，这就是常说的给领导出"选择题"。领导显然更喜欢做的是"选择题"。

（3）职业精神

他们身上有一种高效、敬业和忠诚的职业精神，主要表现为：思维方式现代化，拥有先进的管理理念并能将其运用于经营实践中；言行举止无私心，在公司的业务活动中从不掺杂个人私心，直言不讳，敢于纠正其他员工的错误行为，敢于吹毛求疵般地挑剔供应商的质量缺陷，因为只有无私才能无畏；待人接物规范化，这也是行为职业化的要求。有了这种职业精神的人，到任何组织都是受欢迎的，而且迟早会取得成功。

（4）岗位变化的承受能力

竞争的加剧、经营风险的加大，企业的成败可在一朝一夕之间发生。对他们来讲，岗位的变化，甚至于饭碗的丢失都无所畏惧。因此，他们承受岗位变化的能力也是常人无法比拟的。在他们看来，这不仅是个人发展的问题，更是一种生存能力的问题。

3. 职业发展的准则

总的来说，职业发展需要掌握以下5个准则。

（1）把握机遇

人生的机遇可遇不可求，当你碰到机遇时应该主动掌握它，然后全力以赴调整自己，适应选择的机遇。在职业生涯关键时刻到来，当你决定接受它时，就应该全力以赴，把握这个机遇，并且调整自己接受机遇，接受机遇所带来的正面以及负面的问题。一个人如果不是全力以赴，在竞争激烈的环境中是很难成功的。

（2）掌握成功的标准

要在社会上取得成功，就要学会用别人的观点看事情。进入社会之后，除了自己的标准以外，成功在每个行业、每个公司、每一个时间点的标准都是不一样的，国内与国外的标准也不一样，这是随着环境的变化而改变的。很多人认为进入公司，只要做出好成绩就可以了，其实，除了让他人认可的成绩以外，还有很多事情要做。

（3）发挥自身优势

对于不同的人格类型和不同的动力等级而言，没有"好"与"坏"之分，每一个人都是一个独一无二的个体，都有其特别的优势和劣势，但问题的关键在于如何认识这些优势和劣势。心理学和成功学的研究表明，发现和发挥优势是取得成功、实现自我发展的关键。以下列出了你可能存在的一些潜在优势，你可以仔细思考，自己是否意识到了这些优势，并且积极主动地发展和发挥这些优势。

① 能够打破常规思考，考虑事情发展可能出现的新情况。

② 敢于冒险、敢于尝试新事物，能克服障碍，能够在任何你真正感兴趣的领域中成功。

③ 适应能力强，能迅速改变自己的行事速度及目标，兴趣广泛、对自己感兴趣的东西接受能力强。

④ 对收集自己所需信息有天生的求知欲。

⑤ 能统观全局，能看出行为和思想之间的潜在含义，交际能力强，能以有感染力的热诚和精力激励他人。

⑥ 能洞察别人，能理解他们的需要和动机。

⑦ 富于创造的思考问题和解决问题。

⑧ 能够把自己的天赋与别人的兴趣和能力集合起来，善于赋予适合的人以合适的职位和任务。

⑨ 有雄心和志向，魄力强。

⑩ 敢打敢拼，富有开拓精神。

（4）善于与上司相处

与领导相处的问题是每个职业人士必须面对的。职业人士要培养一套跟领导相处的方法，这点非常重要。每一个领导都有缺点和优点，重要的是要能够全面看待，而不是只看缺点。同时，充分利用领导的优点，尽量避免他的缺点。例如，绝对不要找内向的领导去唱歌；碰到一个本身专业知识不是很强，但是人际关系很强的，不要找他去做学术报告。每个人都要适应不同的领导，要认可领导的优点，调整自己去适应这个环境，学会自己去创造伯乐，让领导理解你的优点和缺点。但是，你要别人理解你，就必须先理解别人，只有做好一个追随者，才能有机会做好领导。

（5）理解企业文化

每个企业都有自己的价值观，加入之后就要充分理解它。你的思维方式要尽量跟企业文化融合，认同和接受这种企业文化。理解企业文化就像平常开车一样，道路熟了速度就会快；道路不熟就要停停看看，否则速度太快也就常容易犯错。不管什么企业都有它的"潜规则"，有成功和失败的标准，要用心去体会，把自己融入企业里，才能够成为成功的职业人士。任何公司，它的企业文化总有一个共通点，就是强调正直的品德。人品比才干更重要，企业选拔人才时，人品永远放在第一位。

5.2 跨境电商创业之路

跨境电商发展迅猛，充满机会，但如何才能发现创业机会，以及组建合理的团队并成立公司呢？可以继续学习以下内容。

5.2.1 跨境电商创业环境分析

要识别跨境电商的创业机会，就需要了解其创业环境，即了解跨境电商发展现状、挑战和机遇。

1. 我国跨境电商现状

2014年我国跨境电商交易规模为4.2万亿元，2015年为5.4万亿元，2016年已达到6.7万亿元，如图5-2所示。预计未来几年，交易规模将继续保持平稳快速增长。我国跨境电商的发展特点主要有以下几点。

① 在整体跨境电商中，出口电商占比较大，未来仍将扮演主要角色。

② B2B跨境电商模式发展趋势为从简单信息撮合到能开展交易。因进出口贸易涉及垫资及大量资金与票据行为，B2B跨境电商很难代替传统线下外贸商，实现纯线上化。

③ 在出口电商的具体结构中，B2C市场交易额较小，但增速较快，呈现出B2C占比提升，B2B和B2C协同发展的新业态。

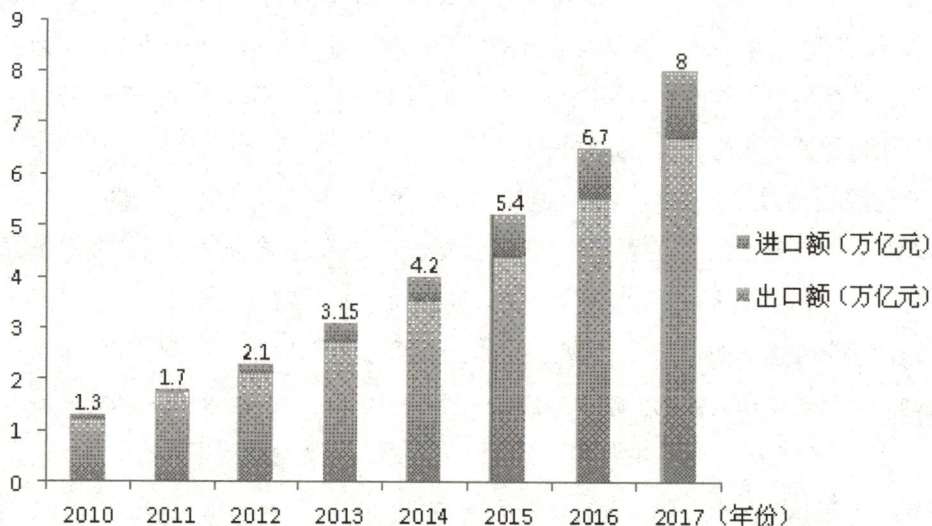

图5-2 跨境电商发展图

2. 跨境电商发展的挑战

（1）货源供应同质化、品牌度不足

近两年跨境电商发展迅速，吸引了大量商家涌入，行业竞争加剧。一些热销且利润空间较大的产品如3C产品及附件等，众多跨境电商公司都在销售，产品同化现象严重，行业内甚至出现恶劣的价格战。跨境电商发展起来很大程度上是源于中国制造大国的优势，以价格低廉的产品吸引消费者，目前跨境电商行业很多产品是从一些小工厂出货，整个产品质量控制相对来说还有一定的问题，大部分跨境电商企业还未涉及品牌化建设阶段。

（2）综合型外贸人才缺口严重

根据招聘网站"前程无忧"预测，未来10年电子商务专业人才的缺口约为200万人。目前做跨境电商的人才主要还是来自外贸行业，但英语专业居多，一些小语种电商人才缺乏，但事实上，像巴西、印度、俄罗斯等国家，跨境电商具有很大的发展潜力，也是跨境电商企业关注的重点。从事跨境电商业务的人才，除了语种的限制外，还要能了解境外的市场、交易方式、人们的消费习惯等，此外，还要了解各大平台的交易规则和交易特征。基于这些特点，符合跨境电商要求的人才很少，跨境电商人才缺乏已经成为业内常态。

（3）缺乏完善的配套服务

跨境电商企业缺乏完善的配套服务，包括产业平台、环境氛围、物流、金融、代运营、营销等。中小跨境电商企业在发展过程中，缺乏与优质大平台对接的机会，无法便捷实现资源对接。第三方跨境电商平台企业需要解决的问题有产品渠道布局、合理的平台规则和平台发展规划设置、平台卖家培训等问题。

3. 跨境电商发展的机遇

（1）人才培训

跨境电商高速发展与人才的不足，促使人才培训成为行业发展的机遇。杭州在跨境电商人才培训中领先，2015年7月，杭州首个跨境电商人才培养基地在杭州师范大学钱江学院揭牌。这个基地是由杭州成长型企业品牌促进会、跨境电商相关企业与杭州师范大学钱江学院一起合办的，旨在开展跨境电商复合型应用人才的培养。2015年6月，阿里巴巴正式启动"百城千校"计划，宣布将联合政府、高校、企业、培训机构等多方组织，培育百万中国新外贸人。阿里巴巴表示，要在三年内培育出100万具有跨境电商实战能力的人才，促进中国外贸发展，助力"一带一路"发展机遇。

（2）国货外销

在传统外贸低迷的情况下，得益于跨境电商的发展，传统外贸货源重新得到商机，未来销售将上扬。2012年以前，跨境电商的参与者主要以小微企业、个体商户及网商为主，2013年以来，传统贸易中的主流参与者如外贸企业、工厂和品牌商家开始进入这个领域，并逐渐走向规模化运作。传统外贸企业具备丰富的外贸经验、对海外市场熟悉，另外，国货物美价廉，深受海外市场喜爱。

（3）跨境产业平台

第三方电商平台的发展水平是制约跨境电商发展的重要因素。电商平台的建设重在推广深度和广度，即更精准有效地寻找目标消费者和消费热点，更大范围地为不同企业、不同产品提供电商服务；支付平台的建设重在使用的安全和便捷，即增强国际间货币收付、币种兑换、退款的安全性和时效性；物流平台的建设重在高效和数据化，建议物流企业或第三方建立海外联盟仓储，为不同企业提供仓储、物流、配送、维护等服务，这样既可以降低单个企业的物流成本和销售压力，还可以为售后服务提供支持，降低消费者的风险预期。跨境电商的飞速发展，需要产业平台来承载，如跨境电商产业园在各地相继诞生，聚集行业资源，促进产业发展。目前建成的产业园区主要有：广州211跨境电子商务产业园、重庆跨境电子商务产业园区、中国（杭州）跨境贸易电子商务产业园、深圳华南城电子商务产业园、济南综合保税区跨境电子商务产业园等。

▌5.2.2 跨境电商团队建设

1. 电商团队常见的组织架构

组织架构（Organizational Structure）概括地讲是指企业、组织或团队的整体结构形式，具体则是指企业、组织或团队在管理要求、管控定位、管理模式及业务需求等多因素的影响下，根据内部资源、业务流程等形成的智能部门。电商团队要想长久地发展，在激烈的竞争中站稳脚跟，首先必须有一个与团队发展相符的组织架构。传统企业中常见的组织架构形式有中央集权制、分权制、直线式以及矩阵式等4种，但在电商业务中就简化了许多，以直线式和矩阵式为主。

（1）直线式管理结构

以淘宝的结构为例。

深圳某电商品牌专注大码女装行业，成立于2010年，其经过5年的发展，年销售额过千万。然而，其团队非常简单，只有5个部门，而且采用直线式的形式，总负责人下面直接下设具体的负责人员，如图5-3所示。

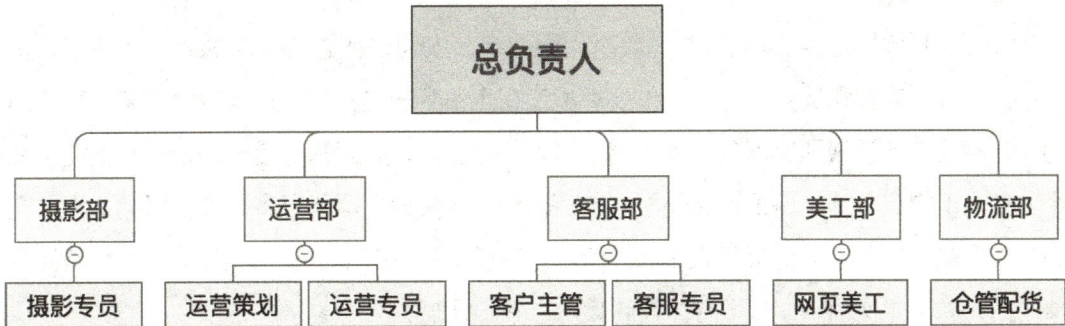

图5-3　直线式组织结构图

这5个部门分工明确，各司其职，共同维护着整个团队的运作。这5个部门在团队中各自承担着自身的职责，相互促进，相互依托，缺一不可。

（2）矩阵式管理结构

传统企业在电商活动中往往也会设置独立的电商团队，但在组建构架上带有严重的传统色彩，即带有中央集权和分权的色彩。不过，这种色彩被大大淡化了，只保留模式，以某生产型企业电子商务团队为例，如图5-4所示。

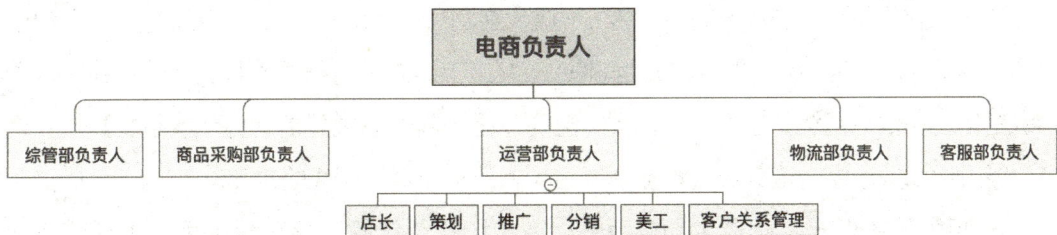

图5-4　矩阵式组织结构图

从图5-4中可以看出，传统企业的电商团队大致可分为三个结构，最高层是电商负责人，中间层设置与高层有直接隶属管理的部门负责人，最基层是团队员工，直接对部门负责人负责。

① 电商负责人。通常是指整个电商团队的最高领导，全面负责团队的日常管理和运作。这类岗位的任职要求往往较高，既要有一定的领导才能，又要熟悉企业的产品特点，精通各个网络平台的操作手法、市场运行规律、渠道营销特点。还有一点很重要就是，负责人思维要彻底转变过来，不能按照传统企业的思维模式运营电商。毕竟电商的快节奏是不允许按传统节奏来运营的，运营者一定要能适应那种快进快出的规律，否则运营好的概率极低。

② 部门负责人。可以理解为总负责人的副手，主要是在总负责人的统一管理下，负责部门工作的管理和运营。这类岗位要求员工在企业有一定资历，对企业组织架构和各部门运作精通，能够帮助电商负责人协调公司内外部资源，起到承上启下的作用，既能站在企业的角度提出合理化建议，又能根据电商需求整合资源。可能很多人都会疑问这样的人为什么做副手？其实电商负责人和部门负责人责任不同，一个是主抓业务的，一个是配合协同的，如果主次颠倒，则像身体控制大脑，举步维艰。

③ 其他员工。这些人员包括除总负责人和部门负责人之外的所有人员，如运营、推广、美工，客服人员等，他们是整个团队中具体执行政策和制度的人，是配合财务等其他各部门完成具体工作的人物。

矩阵式组织结构具有以下三个突出的优点。

① 它是为完成某项工作目标暂时组合的系统，其元素的选择不是按行政级别，也不是按资产多少，而是按对某项工作目标创新贡献的大小。其中各元素可以是企业组织，也可以是大学、研究所、实验室，甚至是个人。它把组织中的横向联系和纵向联系通过信息网络结合起来，加强了各职能部门之间的配合，能够及时互通情况、交流意见，共同决策。

② 它把不同部门的专业人员集中在一起，有利于他们相互启发、相互补充，有利于创造"尊重知识、尊重人才"的工作氛围，激发出工作人员的积极性和创造性。由于这种组织是建立在信息网络基础上的，因此，它可以把远隔千里之外的智力元素组合到矩阵之中，能用远水解近渴。这就极大地提高了组织的质量和项目完成的效率。

③ 矩阵组织形式具有极大的灵活性。在矩阵式组织的运营过程中可以不断吐故纳新，淘汰失去创造活力的元素，吸收新发现的创新元素，被淘汰的元素恢复创造活力后可再被吸收进矩阵式组织，从而保持组织的创新能力。

总之，当前消费者的需求多样化，前期单一品种、长期大批量生产的产品开始让位于小批量的和私人定制的产品，在这个转变中能够看到一方面企业组织所需处理的信息急剧增加，它需要企业的产品设计人员和生产人员重新磨合然后打磨出更好的产品；另一方面，现代信息技术的发展又为企业组织结构的灵活变通和弹性发展提供了物质、技术条件。

综合上述两种电商团队类型可以得出，在组建团队构架时要先确定企业类别，然后再结合企业的实际需求和现状设置分部门。需要注意，无论选择选用哪种方式，设置什么样的部门，有一个核心框架不能变，这就如同盖房子，虽然里面的格局会有所差异，但几个重要的东西不能缺，如基石，承重墙、大梁等。一个电商团队组织架构基本上是固定不变的。

2. 初建电商团队的注意事项

实际上，一个公司的业务无非分成两块，一是开拓业务赚取利润，二是节省开支降低成本，能够做好这两方面，创业型公司成活下来的概率就大大增加了，所以，初创团队一定要围绕这两块业务来开展。

对于创业者来说，创业之初一定要把控好成本，能够节省远比铺张面子更重要，因为创业者可用资金有限，你永远不知道哪一分钱会成为你最后的那个铜板，所以，从节省成本的角度来说，组建团队时也一定要做到人尽其才，能尽其用，不需要豪华的团队，但一定要实用的团队。

这就要求创业者能够把创业中的各个工作环节拆解开来，哪些是重要而迫切的，哪些是可以暂缓执行的，初创团队要一切围绕核心业务来搭建。

抓好了核心团队建设，就要做好制度的约束，初创团队最忌讳所有事项都凭着义气行事，虽然刚起步阶段未必能够形成面面俱到的完美流程，但制订切实有效的管理制度也是非常有必要的，制度就是团队运营的基本法，要让团队成员按照制度有章可循地去做事，但作为创业者，一定要做好制度执行的排头兵，制度不是仅对员工而言的，团队的每一个成员，包括创始人本身，同样需要严格执行。很多时候，一件事情的成功，不是靠资金和能力，很有可能是依靠严格的执行力。有了制度约束，执行力才更有效。

但仅靠制度也是远远不够的，制度是冰冷的，人情却是温暖的，单靠制度，团队就失去了温情，没有温情，团队的发展也会很有限。对于创业老板来说，在制度之外，还要学会关心你的下属，疼爱你的员工，员工不是你的对立面，员工对老板有依赖，同时又是老板的坚实后盾，如果你能够在日常生活中，在工作之外给以员工以体谅和关怀，员工也会给你同样的反馈，从而大家上下齐心，创业的事情也就更加靠谱了。

▎5.2.3 跨境电商公司注册

1. 跨境电商公司注册的办理流程

跨境电商公司注册的具体流程如下。

① 注册跨境电商的一般经营公司。

② 进行进出口权限的备案，包括对外贸易经营备案、检验检疫局备案、海关备案和电子口岸备案。

③ 企业电子交易平台备案。

④ 租赁仓库。

⑤ 产品备案：递交纸质材料，电子口岸开户申请；开设账户通过，海关审核初验；准备材料通过，海关线下复查；申报海关权限，企业平台安装客户端；海关申报备案。

2. 案例

佛山市某照明销售品公司董事长梁荣华是一名"白手起家创业"的"80后"。2007年，梁荣华进入灯饰生产和销售行业，此前在IT界的从业经验让他在传统行业中看到了电商带来的机遇。

梁荣华透露，头半年时间他一个人就通过网上销售带来800多万元业绩。当时他的公司只是个300平方米的作坊式工厂，但公司一创立就建立了企业网站，并在百度上做了竞价排名推广。同时，他提到，"当时做网络推广的还很少，投入几千元就会有很好的效果。"半年后，公司就搬进了一个两千平方米的工厂。2011年，梁荣华意识到网上卖产品是趋势，于是决定让网销的重心从网上招揽业务转向网上直接售卖产品，从而形成接近"零库存"的以销定产的模式。

2013年，他带领电商团队通过网络销售LED灯，创造了6 000万元的业绩。同时，通过官网、百度等网上营销平台，带来近4 000万元的订单，网上直接和间接带来的产品销售近亿元，占销售总额的95%以上，公司也走上了接近"零库存"的"以销定产"模式。在网络平台的推广，不仅为公司带来了大订单，也让他的公司走向了国际化。那么他具体是如何成功的呢？具体情况如下。

技巧一：爆款是最好的广告。

如今，该公司95%以上的业务都跟网络相关，其中70人左右的团队负责在淘宝、天猫的产品销售，20人左右的团队从事网络订单业务的线下跟进。该公司进入淘宝并不算早，甚至有点晚。2011年，公司才开始进入淘宝，由于方法不对，前两年在淘宝的销售额一直在百万元徘徊。"网络营销发展太快，不学习就会落在别人的后面。"反思之下，梁荣华意识到，互联网营销，只有花大力气、做得专业才能够生存，于是他去一家培训机构学习。

2013年年初，公司新注册了一家淘宝店，并于6月上线了天猫旗舰店。他的天猫旗舰店及淘宝店在第一年的销售就一鸣惊人，销售额达到4 000万元，与官网的产品销售一起，创造了6 000万元的销售额。

"网络销售必须得有爆款产品，且至少要进入排行榜的前四名。"谈到销售秘诀，梁荣华认为，90%消费者在天猫商城搜索时只会看首页甚至是前几名的产品，进入排行榜前几名的爆款产品其实是店铺最好的免费广告，比直通车的营销还管用。他根据公司的运营数据分析发现，产品如果排行第六，比排行前四时的流量甚至少了一大半。

"打造爆款产品要不惜代价。"梁荣华举例，公司有一款LED产品仅售9.9元，支持包邮，如今拿到了天猫销售排行榜的第一名，但其成本价要20元左右，公司每月要为此亏上几万元，但该产品为店铺带来了巨大的流量和关联销售，因此"不惜代价也是值得的"。据他透露，公司的吸顶灯这一大项爆款产品的流量和销量已经占到店铺的60%以上，是销量增长的绝对主力。

技巧二：率先实行两年包换。

"现在的网络销售进入白热化阶段，服务越来越重要，要能在某方面脱颖而出。"梁荣华总结道，公司网络业务快速发展的另一个技巧是在行业内率先实行"两年包换"，"这高过了当时消费者的一般预期。"

红利期过后的网络营销该怎么走？梁荣华表示，要由产品的营销进入到情感和个性化的营销阶段。他举例说，公司目前已经针对消费者的不同情境开发出不同的LED产品，例如，情侣在室内吃饭时，可以根据自己的喜好手动调整光的亮度和颜色。此外，在互动方面，公司可以根据消费者的建议，提供定制化的产品，并对其进行奖励。

此外，他认为移动电商是未来趋势，公司将更加重视微信等移动端的销售。"要真正从产品思维转变到用户思维。"梁荣华认为，移动电商可以借鉴小米的粉丝经济及众筹玩法，进而让用户成为真正的主人。

可见，只有不断学习、紧跟时代、把握机遇、合理布局才能创业成功。

本章小结

本章内容分为三部分：跨界电商的职业发展、职场发展以及创业之路。第一部分阐述了职业发展规划的重要性及意义。第二部分主要讲述了员工在职场的不同阶段应具备的品质、目标。第三部分主要针对创业，分析了当今跨界电商的市场情况、机遇与挑战。对于从事跨境电商的人员来说，职场发展长远，在其成长的过程中需要学习的东西很多，要始终保持谦逊的态度学习，才能走得更远。

巩固练习

一、判断题

1. 跨境电商行业高管团队年轻化特征明显。（　　　）

2. 企业发展越成熟，组织架构相对越完善，跨境电商企业的主要问题集中在部门之间的制衡及沟通协作上。（　　　）

3. 大多数跨境电商企业整体缺乏相对完善的人才培养和发展机制。（　　　）

二、单选题

1. 跨境电商人员在晋升之路上需要具备的能力不包括（　　　）。

　　A. 总结能力　　　　　　　　　B. 方案制订能力

　　C. 管理能力　　　　　　　　　D. 自我激励能力

2. 传统企业中常见的组织架构形式不包括（　　　）。

　　A. 中央集权制　　　　　　　　B. 分权制

　　C. 直线式　　　　　　　　　　D. 圆形式

3. 传统企业的电商团队大致可分为三种结构，最高层是（　　　）。

　　A. 电商负责人　　　　　　　　B. 部门负责人

　　C. 团队队长　　　　　　　　　D. 团队成员

三、多选题

1. 长期激励方案的设计与哪些方面紧密挂钩？（　　　）

　　A. 公司业绩　　　　　　　　　B. 个人业绩

　　C. 资本运作规划　　　　　　　D. 个人学历

2. 确立阶段由哪几个子阶段构成？（　　　）

    A. 尝试   B. 稳定

    C. 中期危机   D. 突破

3. 跨境电商人员的精进之路需要具备哪些能力？（　　　）

    A. 目标调整能力   B. 自我安慰能力

    C. 企业文化适应能力   D. 激励他人能力

四、简答题

1. 简述职业发展的概念、职业规划的意义。

2. 简述电商团队常见的组织构架。

附 录

附录A　跨境电商平台列表

序号	类型	名称
1	出口跨境电商平台	阿里巴巴国际站
		速卖通
		敦煌网
		Amazon
		eBay
		Wish
		兰亭集势
		大龙网
		环球易购
		中国制造网
2	进口跨境电商平台	网易考拉
		天猫国际
		京东全球购
		洋码头
		唯品国际
		小红书
		聚美极速免税店

注：以上所列的跨境电商平台是当前的常见平台，并不是所有平台。

附录B　跨境电商常用工具汇集

1. Skype

Skype是用来打越洋电话的一款软件，只需要购买卡充值即可使用。跨境电商商家也可通过Skype，协助进行外部推广，如发SEO外链，很多贸易对象也可以通过Skype联系到商家。

2. One Drive

One Drive是微软旗下的云存储服务平台，注册之后，会有7GB的免费存储空间，如果需要更多的空间，可以付费来购买。在企业有不少员工时，需要使用一些文件共享工具，用于推广资料的公用或共享报告。而One Drive就具备这些功能，它无需人工干预，可自动将设备中的图片上传到云端保存，即使设备出现故障，用户仍然可以从云端获取和查看图片。同时，只需提供一个共享内容的访问链接给其他用户，其他用户就可以访问这些共享内容，但无法访问非共享内容，安全性极高。

3. Google Drive

谷歌说过要打通一个生态链，一个账号一个世界。只要有谷歌账号，用户就可以随意使用谷歌关联的一切工具，包括Google Drive。用户可以通过Google Drive创建、分享、协作处理各种类型的文件，包括视频、照片、文档、PDF等。Google Drive可跟踪用户所做的每一处更改，用户每次单击"保存"按钮时，系统都会保存一个新的修订版本。系统会自动显示30天之内的版本，用户也可以选择永久保存某个修订版本。

4. Dropbox

Dropbox是一款非常好用的免费网络文件同步工具，是Dropbox公司运行的在线存储服务软件，可通过云计算实现因特网上的文件同步。用户可以存储并共享文件和文件夹。当你在计算机A使用Dropbox时，指定文件夹里所有文件的改动均会自动地同步到Dropbox的服务器，当下次你在计算机B需要使用这些文件时，只需登录你的账户，所有被同步的文件均会自动下载到计算机B中。同样，你在计算机B对某文件的修改，也会同步到计算机A上，而所有这一切均是全自动的，可使文件随时随地都能保持最新版本。

5. Webex

Webex支持远程进行会议交谈和文件分享。

6. Basecamp

用户可以通过iPhone管理自己在Basecamp上的项目，和同事讨论事务、浏览检查代办事项，添加附件或者发表评论。

7. Docurated

Docurated是一款用来管理、查找文件和信息的可视化文档管理工具，其最大的特点在于其强大的搜索能力和图片式的查看方式。如用户想找到某个PPT里的一段话，但不记得PPT的名称，他可以直接搜索这段话里的文字，这张PPT的页面就会呈现出来。此外，该工具还能让用户自定义搜索的日期范围、给关键词加引号等。在内容管理方面，它可以收录抓取本地和云端（Dropbox等）的所有文件，以缩略图的方式展示，可以方便地分享和编辑某个文件甚至文件中的某张照片，也可以把不同文件中的内容快速合成一个新文件。

8. Hootsuite

Hootsuite是个社交媒体管理平台。它可以关联Twitter、Tumblr、Instagram、Youtube、谷歌和Linkedin等账号。用户可提前设定发帖时间，并且还支持通过关键词来筛选关注者。

9. Piktochart

Piktochart是一款信息图在线制作工具，用户可以将信息图导出为静态图，用于PPT、网页或博客中。用户在传播一些信息或数据时，把它们做成图片，会有更好的传播效果，也能给读者更好的阅读体验。

10. Prezi

Prezi是个云端的演示文稿制作软件，使用者既可以在Prezi网站上在线创建编辑，也可以在下载的客户端上离线编辑制作。Prezi采用故事板（Storyboard）格式让演示者可以缩放图片，并可通过快捷的动画演示关键点。该软件采用的是缩放式界面（Zooming User Interface），该种界面的特点是界面可缩放，选择Zoom Out就能纵观全局，选择Zoom In则可以明察细节，实现了由整体到局部的开放性思维方式。除了平移和缩放，Prezi还支持图片、视频、PDF等各种媒体素材的嵌入，可以多人在线编辑，生成的演示文稿既可以在本地观看，也可以上传到服务器或嵌入网页在线查看，是一款相当强大的工作软件。

11. Passpack

Passpack是一款在线密码管理软件。这款出色的密码管理程序完全基于Web浏览器，用户可以在线进行各种复杂的操作，如账户管理、自动登录、密码自动生成等。

12. Flickr

Flickr是一个用于上传图片的网站。上传图片后可以进行描述、加链接等操作，推广人员可以把产品的图片或好看的专区图片上传以获取点击。但是一般情况下直接用来推广效果一般。

13．Mind42

Mind42是在线创建思维导图的应用程序，是一种刺激思维及帮助整合思想与信息的帮手，也可以说是一种用来实现观念图像化的工具。

14．Twiddla

Twiddla是一个在线协作会议平台，参与会议的人不仅能够通过画图板协作交流，也可以文字交流，分享文件、语音、浏览的网页等，还可以在线参加会议并且互相分享各种资料。

15．Wevideo

云端视频编辑服务的视频制作费时费力，特别是在最后渲染时需要经过漫长的等待，消耗硬件资源。基于云端的视频协作编辑平台Wevideo能满足企业的在线视频处理的需求。

16．Jing

Jing是一款好用的屏幕截图、录制软件，来自于大名鼎鼎的民用数码编辑软件公司Techsmith。其主要功能就是截屏、录屏。截屏后可以编辑，用户可添加要加上的东西，还可以一键分享到不同的社交媒体。

17．Flockdraw

这款工具是一款云端画图工具，其他协作者可以参与用户的画图过程，帮助用户一起修改完善。团队可以在讨论相关流程或产品外形时使用，集思广益，得到最好的成果。

18．Zoho

Zoho致力于在线办公的研究，是全球第一大在线软件提供商。

19．Yammer

Yammer可以手动给信息增加主题，对信息进行分类。可以创建不同的群组和网络，用户可以和公司外部的人联系，支持上传文档、图片等，同时有日历、投票和问答功能。

20．翻译工具

（1）谷歌翻译：50多种语言在线翻译，准确、快速。

（2）有道桌面词典：词汇量相对丰富，例子多、容量小、查询方便。

（3）CNKI翻译助手：专业翻译网站，很多专业术语都能找到，速度快。

（4）有声网站：可以读英语、日语、法语、西班牙语等多种语言。

21．图片处理工具

（1）计算机上自带的画图工具：使用简单方便，能满足图片处理的基本需求。

（2）美图秀秀：能制作各种风格的图片，一键见效，操作简单。

（3）Photoshop：功能强大、制作风格多样。

（4）在线图片编辑工具：如lunapic.com，调整、编辑、滤镜等功能应有尽有，同时加入了一些可直接生成的效果，如照片分拆、卡通效果等。

（5）动图制作工具：如gickr.com，制作动图简单实用。

（6）图片水印工具：如picmarkr.com，功能强大，效果好。

22. 物流工具

（1）E邮宝：价格低，服务好，快递东西有保障。

（2）Dhlink：价格低，运送安全又环保。

23. 营销工具

（1）谷歌趋势Google Trends：它可以查询用户关注的网站及来自任意地理位置的流量变化。最多能同时比较5个网站的数据，并且可以浏览相关网站和每个网站的热门搜索。这对电子商务的商品更替无疑可起到提示作用，告诉用户目前哪些才是消费者感兴趣的产品。

（2）Alexa工具条：它是Alexa公司推出的一款IE浏览器插件，通过Alexa排名可以很清晰地看出用户的电子商务平台在同类网站中所占的市场份额。

24. 社交媒体分析类工具

（1）Social Report：它可以整合Shopify、eBay和Etsy等电商平台的数据，因此它成了电子商务公司首选的数据分析工具之一。此外，Social Report还能够跟踪社交媒体如Facebook、Twitter、LinkedIn、Google+、Vimeo、Reddit、Xing、Slideshare等的数据。

（2）Social Mention：它是一款免费的分析工具，可以实时搜查各方面的数据，如博客、微博、图片、视频等。借助于它，可以快捷地搜寻到一个公司的品牌名称和产品情况。

（3）Simply Measured：它是一个专门面向大公司和广告机构的分析工具，其费用远远超过小公司的预算范围，但是它具有许多优点，可以提供多种报告。

此外，常用的社交媒体分析工具还有Cyfe、Sprout Social、SumAll等，读者可自行在网络搜索并学习使用。

附录C 跨境电商职业分级列表

		岗位	工资水平	主要职责
出口类	1	网站平台搭建人才	8 000~15 000元	负责网络系统的建设、管理、维护工作，认真做好网络建设，记录网站使用和维护情况，负责公司自身运营网站的内容更新
	2	网站运营管理人员	6 000~8 000元，外加期权与分红	负责统筹货源、物流、网站推广、订单处理、售后跟踪等环节
	3	网站专业推广人员	5 000~8 000元，根据能力	负责SEO、SEM、Facebook等推广
	4	小语种人才	4 000~5 000元	负责开发小语种市场
	5	品类管理销售人员	6 000元以上，外加分红或提成	负责产品的整个供应链，从方案技术、成本、生产周期、交货方式、产品的卖点提炼、产品的推广节奏设计、组织销售、售后等方面提供支持
进口类	1	网站平台搭建人才	5 000~8 000元	负责网络系统的建设、管理、维护工作，认真做好网络建设、使用和维护情况记录。负责公司自身运营网站的内容参编更新，保证公司网站的实时性，每天及时更新网站的所有信息
	2	网站运营管理人员	6 000~8 000元，外加期权与分红	负责统筹货源、物流、网站推广、订单处理、售后跟踪等环节
	3	市场策划岗位人员	6 000~8 000元，外加期权与分红	负责掌控网站购物的全流程，分析消费人群的消费习惯，并依此开展市场策划
	4	物流供应链管理专家	10 000元以上，外加期权与分红	统筹、规划、管理物流供应链

附录D　慧睿国际跨境电商精准就业平台介绍

慧睿国际跨境电商精准就业平台于2014年成立，专注于汇聚外贸、跨境电商和电商行业的岗位和机会，垂直并且专业地为当地人才寻找当地企业，并且对企业和从业人员进行双向评估测评，是理想的跨境电商就业和招聘平台。该平台不仅有招聘功能，还有测评功能和实习功能等，具体招聘功能操作分为注册、完善简历、投递工作机会等，具体如下。

1. 注册

输入平台网址，进入附图1所示的主页，然后单击"注册"按钮即可。

附图1　平台主页

2. 完善简历

注册完成后，登录账号进入附图2所示的界面，完善简历就可以获得就业实习机会。

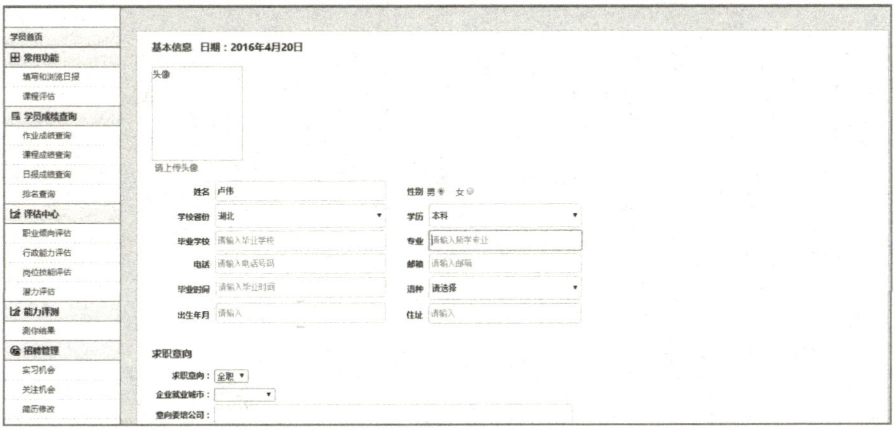

附图2　完善简历界面

3. 投递工作机会

从左侧导航栏进入附图3所示的招聘管理界面，可以查看具体的求职信息，并可以投递简历。但要注意如果简历不全，系统会要求用户再次修改简历。

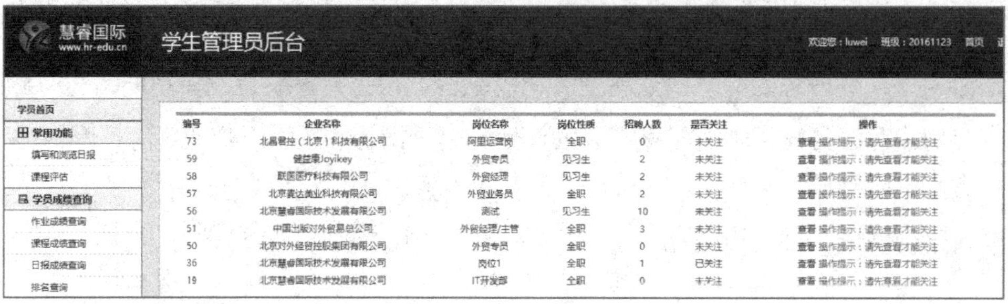

附图3　招聘管理界面

慧睿国际是跨境电商精准就业平台，目前入职企业近2万家，人才需求量在6万人左右，其中跨境电商岗位及外贸岗位占比达90%以上。部分企业通过猎头方式，委托慧睿国际协助招聘人员。该平台每月招聘人数在100人左右，其中应届毕业生占比在20%左右。因此，这个平台可以有效解决跨境电商人才的就业问题。